AF472112

# San Atanasio contra el mundo

F.A. Forbes

Editorial Vita Brevis
2015

EDITORIAL VITA BREVIS

SAN ATANASIO CONTRA EL MUNDO
F.A. FORBES


http://www.vitabrevis.es
14, rue de Laning, 57660 Maxstadt, Francia



Primera edición: marzo de 2015
ISBN: 978-1-326-20569-0
Traductor: Bruno Moreno Ramos

Foto de portada: Icono de Sozopol (Bulgaria), siglo XVII.

Publicado originalmente en 1919 por R. & T. Washbourne Ltd., Londres, como el título *Saint Athanasius. The Father of Orthodoxy.*

Jesús les respondió: "En verdad, en verdad os digo que antes de que Abraham existiera, yo soy".

Juan 8,58

En el principio, era la Palabra y la Palabra estaba junto a Dios y la Palabra era Dios. Ella existía en el principio junto a Dios [...] Y la Palabra se hizo carne y acampó entre nosotros.

Juan 1, 1-2.14a

Nacido del Padre antes de todos los siglos, Dios de Dios, Luz de Luz, Dios verdadero de Dios verdadero, engendrado, no creado, de la misma naturaleza que el Padre...

Credo de Nicea

El Padre y yo somos uno.
Juan 10,30

## Prólogo del Editor

¿Por qué publicar hoy una vida de San Atanasio? Quizá porque su vida fue más emocionante y apasionada que cualquier novela: luchas, persecuciones trepidantes, emperadores volubles y arrogantes, intrigas palaciegas, monjes del desierto, muchedumbres enfurecidas, peleas entre obispos, torturas y destierros. El protagonista, según la mejor tradición novelesca, se enfrentó a retos imposibles, luchando solo contra el mundo y consiguiendo resurgir cuando todo parecía perdido. Una receta perfecta para pasar unas horas entretenidas de lectura.

En contra tenemos que, en apariencia, se trata de un personaje con quien difícilmente podría conectar el hombre moderno. ¿No es absurdo reeditar, en el siglo XXI, la vida de un obispo egipcio de hace más de mil seiscientos años, que dedicó su vida a luchas teológicas que dejarían frío a casi cualquier hombre de hoy? La respuesta es muy sencilla. Publicamos este libro precisamente por eso, porque trata de un santo oriental de hace dieciséis siglos, que sufrió peligros y persecuciones sin cuento por cuestiones teológicas aparentemente irrelevantes para el hombre de hoy.

Lo cierto es que el desprecio por esas cuestiones teológicas de las que se ocupó y por las que tanto luchó San Atanasio es, quizá, la mejor muestra de la decadencia de nuestra época, porque esas cuestiones no sólo son importantes, sino que de ellas depende absolutamente todo lo demás. Son el eje sobre el que se articula todo el cristianismo y, con él, la civilización occidental.

Atanasio vivió en plena crisis arriana. Es decir, durante el intento, producido en el siglo IV, de arrancar del cristianismo aquello que más escandaloso resultaba para el hombre sin fe: la divinidad de Cristo. El resto parecía fácil de aceptar: virtudes, amor, un Dios todopoderoso y creador, la lucha contra el pecado o la necesidad de conversión. En cambio, que el mismo Dios infinito pudiera haberse hecho hombre era tan inconcebible que, para muchos, se trataba de algo absurdo, que debía eliminarse del cristianismo, como un mero mito o superstición.

Este movimiento de "desmitologización" del cristianismo, para convertirlo en algo más razonable y fácil de asumir, se extendió como la pólvora en el siglo IV. Tomó su nombre de Arrio, un obispo libio que consideraba que Jesucristo no era propiamente Dios, sino sólo la más excelsa de las criaturas de Dios, pero criatura al fin. El primer gran concilio de la Iglesia, celebrado en Nicea, se convocó precisamente para combatir el arrianismo y por eso su credo proclama de manera triunfal a Cristo "Dios de Dios, Luz de Luz, Dios verdadero de Dios Verdadero, engendrado, no creado, de la misma naturaleza que el Padre".

Aún así, el arrianismo derrotado en Nicea resurgió de sus cenizas con mucha más fuerza y, apoyado por sucesivos Emperadores, arrolló a la ortodoxia en gran parte de la Iglesia. Como describió Newman, "ante la furia del huracán arriano, más sedes episcopales de las que se pueden contar se doblegaron y se separaron de San Atanasio".[1] O, en palabras aún más terribles de San Jerónimo, "el mundo se despertó arriano".[2]

Humanamente, el arrianismo tenía todas las de ganar, ya que contaba con el poder imperial, prestigiosos obispos, el control de grandes porciones de la Iglesia y la ventaja de ser, aparentemente, la posición más "razonable" y fácil de entender. Sin embargo, un puñado de obispos y seglares, armados con el celo por la fe católica y contra toda esperanza, se opusieron al

---

[1] Beato John Henry Newman, *Apologia pro vita sua*, parte V.

[2] San Jerónimo, *Diálogo contra los luciferianos*, 19.

huracán arriano. La lucha en el seno de la Iglesia fue durísima y se prolongó durante casi trescientos años, hasta que finalmente, en el siglo VII, desaparecieron los últimos restos de arrianismo con la conversión de los visigodos en España y de los longobardos en Italia.

Los cristianos de Alejandría, capitaneados por su obispo Atanasio, sabían perfectamente que la Encarnación de Dios y, por lo tanto, la divinidad de Cristo, no eran cuestiones abstrusas que debían dejarse a los expertos, sino el núcleo mismo de la fe católica, el sentido de la vida, la luz de la existencia y el secreto de la felicidad. Por ello, cuando el mismo Emperador, con la colaboración de muchos clérigos infieles, intentó arrebatarles ese punto central de su fe, resistieron con todas sus fuerzas a imposiciones, persecuciones, destierros y torturas, defendiendo siempre que Dios se había encarnado verdaderamente para nuestra salvación.

Al leer la vida de San Atanasio, es imposible no sentirse pequeño e insignificante ante un verdadero gigante, que marcó profundamente a la Iglesia y a toda la civilización occidental. ¿Quién podría igualar a este infatigable defensor de la fe que, a tiempo y a destiempo, desde su sede o en la clandestinidad y huyendo de los perseguidores, proclamó la verdad a cuantos quisieron escucharla? ¿Cómo no asombrarnos de su sabiduría y clarividencia, su libertad ante el poder político imperial o su firmeza ante las injurias, intrigas y persecuciones de sus enemigos?

En ese sentido, esta vida de San Atanasio revela muy bien, por contraste, el gran problema del hombre de hoy, inmerso en una sociedad moderna enferma, narcisista y malcriada, que se ha olvidado de la importancia de la verdad y, en consecuencia, se muere o más bien se suicida lentamente. Su lectura, por lo tanto, contribuye a remediar nuestra cronolatría, es decir, la funesta manía de mirar por encima del hombro a los antiguos, como si fuésemos superiores, mejores y más listos por el mero hecho de vivir hoy y no en épocas pasadas.

San Atanasio fue monje del desierto, pastor del rebaño de Cristo, confesor de la fe y Doctor de la Iglesia. En su tiempo como monje en el desierto de la Tebaida, siendo discípulo del gran San Pacomio, recibió las gracias de la contemplación y de la simplicidad de vida, que lo acompañaron toda su vida y lo convirtieron en un verdadero contemplativo en la acción. Como pastor de su diócesis, supo dar la vida por sus ovejas, asegurándose de que tuvieran siempre el alimento de la fe verdadera y defendiéndolas contra los lobos de la herejía. A la vez que era inflexible con el error, nunca dejaba de mostrarse compasivo y misericordioso con los que se habían extraviado, echando sobre sus hombros la oveja perdida para llevarla de vuelta al rebaño.

Al confesar la fe contra una oposición triunfante y arrolladora, Atanasio mostró de una vez por todas al mundo que la doctrina católica no es una simple opinión más, cambiante con los vientos de las modas y las épocas, sino la roca firme de la verdad y el fundamento estable para los hombres de cualquier época, incluida la nuestra. Si la vida y la enseñanza de este gran Doctor de la Iglesia no son más conocidas actualmente, no se debe a que el maestro no tenga nada útil que enseñarnos, sino a que los alumnos no queremos aprender, porque pensamos que ya lo sabemos todo. Así nos va.

Tanto la enseñanza como el ejemplo de San Atanasio son cruciales hoy, porque, aunque parezca mentira, las cosas no han cambiado mucho desde el siglo cuarto. Ya Newman aplicaba las enseñanzas de la crisis arriana a su propia época y a la herejía protestante: "Los principios y la forma de actuar de la Iglesia hoy son los mismos que los de la Iglesia entonces; los principios y la forma de actuar de los herejes de entonces son los mismos que los de los protestantes de hoy [...] los herejes se mostraban cambiantes, tornadizos, reservados y engañosos, cortejando siempre al poder civil e incapaces de ponerse de acuerdo, excepto por obra de ese mismo poder civil; y el poder civil siempre intentaba lograr compromisos, mantener lo invisible fuera de la vista y sustituir la fe por la conveniencia".[3]

El combate de la fe que experimentaron Atanasio y Newman vuelve a arreciar en la actualidad, con ataques que vienen tanto del exterior como del interior de la propia Iglesia. Si San Atanasio tuvo que vivir en plena crisis arriana, nosotros vivimos en plena crisis modernista, iniciada a finales del siglo XIX y que sigue en vigor más de cien años después. De nuevo, como en tiempos de Atanasio y Newman, la heterodoxia es cambiante, tornadiza, reservada y engañosa, e intenta constantemente apelar al poder civil y a la opinión pública para modificar la doctrina de la Iglesia. También en nuestros días se exigen cambios en la fe católica para hacerla más "razonable" a los ojos del mundo, diluyendo la doctrina, aguando la moral y volviendo sosa la sal del cristianismo.

En este contexto, sería difícil encontrar un santo más relevante que San Atanasio para los católicos de hoy. Ojalá este libro sirva para despertar en todos sus lectores el deseo de ser fieles a la fe de la Iglesia sin importar las dificultades y aunque en ocasiones parezca de nuevo que, para mantener la fe, hay que luchar contra el mundo entero.

Bruno Moreno Ramos
Editor

---

[3] Beato John Henry Newman, *Apologia pro vita sua*, parte V.

## Capítulo 1: Los comienzos

El Patriarca de Alejandría, en Egipto, esperaba compañía. Permanecía en pie junto a la ventana de su palacio, mirando a lo lejos, para poder salir al encuentro de sus huéspedes y darles la bienvenida en cuanto los viera. Ante él, como una perla blanca en las azules aguas del Mediterráneo, se encontraba la ciudad de Alejandría la Hermosa, como la gente gustaba de llamarla. Al otro lado del puerto, se elevaba hacia el límpido cielo de Oriente la torre de mármol del gran faro, tan blanco como los blancos acantilados de la Isla de Faros en la que había sido construido.[4] Era mediodía y el sol brillaba como un velo de oro desplegado sobre todas las cosas.

Los pensamientos del Patriarca se dirigían hacia el pasado. Había estado celebrando el aniversario[5] de su santo predecesor, Pedro,[6] el obispo anterior, que había ganado la corona del martirio durante la terrible persecución de los cristianos que había tenido lugar hacía algunos años. Varios de los clérigos presentes habían venido de lejos para participar en la celebración e iban a ser sus huéspedes.

El tiempo del sufrimiento había pasado, pero Alejandro tenía la sensación de que todo había sucedido el día anterior y de que podría volver a ocurrir al día siguiente. No muy lejos de su morada, se encontraba el gran palacio de los Césares, donde el Emperador pagano se había sentado a juzgar a las ovejas del rebaño de Cristo. Allí estaba el famoso templo de Serapis, a donde habían llevado a rastras a los cristianos para que ofrecieran incienso a los dioses. Un poco más allá, el anfiteatro

[4] El gran faro de Alejandría, edificado en el siglo III antes de Cristo. Fue una de las siete maravillas del mundo antiguo y permaneció en pie hasta que lo derribó un terremoto en el siglo XIV. Del nombre de la isla en la que se construyó proviene la palabra “faro” en español.

[5] Los cristianos de los primeros siglos celebraban el *dies natalis* (en latín, literalmente, el día del nacimiento) de un mártir, es decir, el aniversario del día en que había muerto por Cristo y había nacido a la vida eterna.

[6] San Pedro de Alejandría, mártir durante la persecución de Diocleciano, en el año 311.

donde esos mismos cristianos habían sido despedazados por las fieras o degollados con la espada por confesar el nombre de Cristo. Durante aquellos días oscuros, para consuelo de sus hijos perseguidos, el Patriarca Pedro se había mantenido como una roca firme, tan firme como el propio faro del puerto de Alejandría.

Más de un centenar de obispos había dependido de él, porque la sede oriental de Alejandría sólo era superada por la de Roma en Occidente y esa responsabilidad suponía una dura carga. Gracias a su ejemplo, sin embargo, la Iglesia en Egipto había sufrido la prueba con valentía y, si bien algunos habían vacilado ante la tortura y habían caído, la gran mayoría habían permanecido fieles. Incluso aquellos cristianos sin madera de héroes, que habían amado sus vidas más que a su Dios, no se habían perdido para siempre, porque habían vuelto a la Iglesia durante las calmas en medio de la tormenta, suplicando que se les perdonase su pecado. Pedro, recordando que su Maestro no había apagado el pábilo vacilante ni había quebrado la caña cascada, los recibió con misericordia y compasión, después de la debida penitencia, en el rebaño de Cristo.

Hubo algunos que no tuvieron escrúpulo en protestar contra su misericordia. "¿Es que estos apóstatas", clamó Melecio, obispo de Licópolis,[7] "van a ser considerados iguales que aquellos que sufrieron el peso y el calor de la jornada?" El obispo se rebeló contra la decisión del Patriarca y creó un cisma en la Iglesia. Incluso el martirio de San Pedro de Alejandría no había hecho recapacitar a Melecio, de modo que los melecianos seguían en rebeldía, para escándalo de cristianos y paganos.

Los alejandrinos eran un pueblo difícil de gobernar: sutiles, apasionados e inestables, listos para seguir a cualquier predicador de novedades. Mientras reflexionaba sobre el pasado, Alejandro casi envidiaba a Pedro la corona del martirio que había obtenido.

Se preguntó qué estaba retrasando a sus huéspedes, mientras miraba a la carretera sin encontrar ninguna señal de ellos. Junto

---

[7] Ciudad egipcia en la ribera del Nilo, actualmente denominada Asiut.

al mar, no muy lejos, había un grupo de niños jugando, agitando las piernas desnudas y sus túnicas blancas al correr. Era evidente que uno de ellos, un muchacho alto y delgado cuya aureola de pelo rojizo parecía capturar cada rayo de sol, estaba dirigiendo el juego, porque todos parecían acudir a él para recibir sus órdenes. "Un líder nato", pensó el Patriarca sonriendo para sí, mientras un vigoroso gesto de la mano del niño hizo que todos sus compañeros lo rodearan. Enseguida, se pusieron a construir algún tipo de plataforma, sobre la cual se subió el pelirrojo, al tiempo que los demás formaban una especie de procesión.

"Una ceremonia litúrgica", murmuró el Patriarca, recordando los juegos de su propia niñez. En ese momento, un niño pequeño se adelantó solemnemente y entregó algún tipo de recipiente al joven obispo, que, con un grandioso gesto, indicó a la procesión que se acercara. Después, una vez que el primer niño se hubo acercado para arrodillarse a sus pies, levantó el recipiente y derramó parte de su contenido sobre la cabeza del niño.

"¡El bautismo de los catecúmenos!" exclamó el Patriarca. "Pero se parece demasiado a la realidad."

Llamó apresuradamente a un sirviente y le pidió que trajese a los niños que jugaban junto al mar. Los muchachos acudieron con cierta desgana y los empujones de unos y otros terminaron por hacer que el aspirante a obispo quedase delante del grupo. A fin de cuentas, ¿dónde va a estar un obispo si no es al frente de su rebaño?

"¿Qué estabais haciendo junto al mar?" preguntó el Patriarca.

El niño le miró con interés y sin ningún indicio de estar asustado.

"Estábamos jugando", explicó. "Era el bautismo de los catecúmenos. Yo era el obispo y ellos", siguió mientras señalaba a sus compañeros, "eran los catecúmenos".

"¿Eres cristiano?" preguntó Alejandro.

"Sí", respondió orgulloso el niño.

"¿Y ellos?"

"Son catecúmenos".

"¿Qué hiciste en el juego?"

"Derramé agua sobre ellos y dije las palabras".

"¿Qué palabras?"

El niño repitió la fórmula del bautismo en perfecto griego.

"¿Echaste el agua sobre ellos mientras decías las palabras?"

"Sí".

El Patriarca puso cara de preocupación.

"Es un juego algo peligroso", señaló. "¿Qué pensarías si te dijera que los has bautizado de verdad?"

El niño se quedó mirándolo asombrado.

"Pero yo no soy obispo", dijo.

El Patriarca no pudo evitar una sonrisa. "Aunque es el obispo el que bautiza normalmente a los catecúmenos", explicó, "no es necesario ser obispo para hacerlo. Ni siquiera hace falta ser sacerdote".

El niño-obispo estaba serio, sus compañeros asustados y el Patriarca pensativo.

"¿Cómo te llamas?" preguntó de repente, poniendo su mano sobre el pelo rojizo del muchacho.

"Atanasio", respondió el niño.

"¿Qué te gustaría ser de mayor?"

"Sacerdote", fue la rápida respuesta.

"¿Obispo, quizá?" preguntó Alejando, con una sonrisa. "¿Piensas que es una vida fácil y gloriosa?"

El niño miró al Patriarca a los ojos.

"El bienaventurado Pedro fue un mártir", respondió.

"Para ser sacerdote, hay que estudiar mucho".

"Me encanta estudiar", dijo el niño.

Alejandro se fijó en su aspecto inteligente, sus ojos muy despiertos y su rostro de rasgos bien marcados y sintió simpatía por aquel chiquillo sincero y valiente que admiraba a los mártires.

"Ven de nuevo esta tarde y hablaremos de ello", le dijo, porque sus huéspedes se acercaban por fin y su deber era recibirlos.

Aquella tarde, el muchacho y el Patriarca hablaron largamente mientras paseaban bajo las palmeras del jardín del palacio episcopal. Alejandro escuchó cómo había sido educado Atanasio en la fe, a la sombra de la gran persecución, entre cristianos que consideraban que el mayor honor consistía en derramar su sangre por Cristo. Había recibido una buena formación en las famosas escuelas griegas de Alejandría y estaba lleno de entusiasmo por los filósofos y poetas griegos. El chico tenía una voluntad fuerte, un noble corazón y una aguda inteligencia, de modo que el Patriarca estaba seguro de que había nacido para algo grande. La Iglesia necesitaba cristianos así en aquellos tiempos revueltos, ya que los peligros de la herejía habían tomado el relevo de los peligros de la persecución.

Alejandro decidió enseguida acoger a Atanasio en su casa y educarlo como si fuera su propio hijo, una inspiración por la que daría a menudo gracias a Dios en los años venideros. El muchacho pronto cobro un gran afecto por el amable y santo Patriarca, que sabía actuar con fuerza y decisión cuando era necesario para el bien de la Iglesia. Permanecía constantemente en contacto con personas de todos los rangos y países, porque Alejandría era una ciudad en la que podía encontrarse gente de cualquier nación y de cualquier credo. Paganos, judíos y cristianos vivían en sus diversos barrios e incluso había un grupo de filósofos que habían intentado crearse su propia religión, mezclando varias religiones diferentes.

Atanasio era aún muy joven cuando empezó a hacer de secretario para el Patriarca, acompañándolo en sus viajes por toda su vasta diócesis. Él mismo nos cuenta cómo permaneció durante un tiempo entre los monjes del desierto de Egipto y cómo su joven alma quedó inflamada por la santidad de sus vidas.

Ni la ciencia ni la lógica o la filosofía presentaban dificultades para el brillante estudiante, cuyo conocimiento de la Escritura y de la teología habían de asombrar a los hombres de su tiempo. El propio Alejandro, a medida que se iba haciendo viejo, se apoyaba cada vez más en Atanasio, consultándole, a pesar de lo joven que era, acerca de los asuntos más importantes. Así fueron pasando los años y el niño se hizo un hombre, "amable y fuerte", según las palabras de uno que lo conoció, "muy valiente, de espíritu humilde, lleno de simpatía y de mente y rostro angelicales". Pocos de los que se encontraban con él dudaban de que dejaría huella en el mundo de su tiempo, pero aún no conocían al valeroso soldado que se escondía tras aquel aspecto amable ni la firme voluntad que ningún poder humano podía quebrantar. La hora de Dios aún no había llegado.

## Capítulo 2: El heresiarca Arrio

La noche anterior al martirio del Patriarca Pedro, mientras éste rezaba y esperaba en prisión la llegada de su último amanecer en este mundo, acudieron junto a él algunos de sus clérigos más fieles. Habían arrostrado muchos peligros para poder ver una vez más a su querido obispo y para recibir su bendición y sus últimas instrucciones. También querían interceder en favor de alguien que había pedido su ayuda.

Poco tiempo antes, un hombre llamado Arrio había sido excomulgado por el Patriarca por haberse unido al cisma de Melecio. Era él quien, ese mismo día, había visitado a los clérigos pidiéndoles, con lágrimas en los ojos, que hablasen con el Patriarca para que lo perdonara. Los clérigos conocían la ternura del corazón de su Obispo y su facilidad para perdonar a los que habían errado. Por eso mismo, quedaron muy sorprendidos cuando su petición fue rechazada firmemente.

"No es posible", dijo Pedro. "Arrio está separado de la gloria del Hijo de Dios en este mundo y en el otro".

Al oír esto, Aquiles y Alejandro, sus amigos más íntimos y queridos, hablaron con él en privado, para preguntarle la razón de aquella severidad tan poco habitual en él.

"Esta noche", les dijo, "mientras rezaba, nuestro Señor se me apareció en gloria, pero su túnica estaba rasgada de arriba a abajo. '¿Quién te ha tratado así, mi Señor', grité, 'y ha rasgado 'tus vestiduras?' Entonces, él me respondió: 'Ha sido Arrio quien ha rasgado mi túnica y mañana vendrán a interceder por él ante ti. Por eso te he advertido que no lo recibas en el rebaño. En cuanto a ti, mañana morirás por mí'".

Después, Aquiles, Alejandro y los que estaban con ellos rezaron una vez más con su obispo. Él los bendijo y los despidió en paz. Cuando llegó la mañana, la promesa de Cristo se cumplió y su fiel sirviente recibió la corona del martirio.

Aquiles sucedió a Pedro como Patriarca y, con el tiempo, ante los ruegos de Arrio y engañado por su aparente buena fe, lo recibió de nuevo en el rebaño de Cristo y le encomendó una de las mayores iglesias de Alejandría, en un distrito llamado Baucalis.

Arrio era alto y de apariencia impactante, con cierta elocuencia y apariencia de santidad. Pronto se convirtió en un predicador muy popular. Incluso se decía que había tenido esperanzas de suceder a Aquiles como Patriarca. Por eso, cuando Alejandro fue elegido para tomar el lugar de Aquiles tras su muerte, la ira y la envidia de Arrio no tuvieron límite. Ya que no podía poner ningún pero a la conducta del nuevo Patriarca, cuya inocencia y santidad eran conocidas por todos, comenzó a criticar su doctrina. "Al enseñar que Cristo es el Hijo eterno de Dios", afirmó el sacerdote de Baukalis, "Alejandro y sus clérigos cometen un gran error. Puesto que Cristo fue creado por Dios Padre, ¿cómo puede ser él también Dios?"

Era una herejía que amenazaba las raíces mismas del cristianismo. Alejandro recordó entonces, demasiado tarde, la advertencia de Pedro. Como era amable y pacífico por naturaleza, al principio intentó convencer a Arrio de manera amistosa. "Que explique sus dificultades", dijo, "y discuta la cuestión con los teólogos". Sus sugerencias, sin embargo, encontraron el orgullo y la obstinación como únicas respuestas. Finalmente, Arrio envió una altanera exposición de sus opiniones, que fueron condenadas por casi todos los obispos de Egipto, de modo que fue apartado de su cargo sacerdotal y se le prohibió predicar.

Arrio no era de los que aceptan humildemente las derrotas y se dirigió apresuradamente a Cesarea de Palestina, donde tenía amigos influyentes. Allí, se presentó como un cristiano "muy conocido, que había sufrido mucho por la gloria de Dios y, gracias a la enseñanza divina, había adquirido sabiduría y conocimiento". Consiguió seducir a muchos con sus insidiosas razones, entre otros a Eusebio, Obispo de Cesarea,[8] que,

---

[8] Autor de una historia de la humanidad, la *Crónica*, y de una historia del cristianismo desde sus orígenes, la *Historia de la Iglesia*. Aunque tenía opiniones tendentes al arrianismo, firmó el credo de Nicea que condenaba esa doctrina, pero interpretándolo de forma diferente a la ortodoxa y

completamente engañado por las mentiras y la falsa santidad del hereje, escribió una carta a Alejandro defendiéndolo.

El Patriarca respondió con un relato detallado de las enseñanzas de Arrio y de su juicio, que incluía las razones por las que el sínodo había considerado oportuno apartarlo de su ministerio. La carta tuvo un profundo efecto entre los clérigos y obispos de Palestina y Arrio se retiró a Siria, donde recibió la protección de otro Eusebio, el astuto y taimado obispo de Nicomedia, que había de conseguir una desafortunada influencia sobre el Emperador.

Casi habían pasado doce años desde que Constantino, que era pagano a pesar de ser hijo de Santa Elena, había rogado al Dios de los cristianos que le concediese la victoria sobre sus enemigos. Sus oraciones fueron escuchadas. En el brillante cielo del mediodía, apareció un signo que resplandecía más que el sol: la imagen de la Cruz de Cristo. "En este signo vencerás", estaba escrito en ella con letras de fuego, y el Emperador y su ejército lo vieron y creyeron.[9]

Con la Cruz como estandarte, Constantino marchó contra sus enemigos y los derrotó. Desde aquel día, se convirtió en catecúmeno y en protector y amigo de los cristianos. Lo primero que hizo fue publicar un edicto, el Edicto de Milán, que les otorgaba plena libertad para practicar su religión, construir templos y predicar. La Iglesia pudo así salir por fin de la noche oscura de la persecución, pero su vida en este mundo es una perpetua lucha contra los poderes del mal y nuevos peligros se cernían sobre ella.

El Emperador comenzó a aprobar leyes más humanas. Abolió la ejecución por crucifixión como signo de reverencia hacia el Hijo de Dios, que había muerto en la Cruz, erradicó los juegos de gladiadores y mejoró las condiciones de vida de los esclavos.

Constantino era un hombre magnánimo, pero aún había mucho en él de pagano e incluso de bárbaro. Desgraciadamente para él

---

forzando el significado de las palabras.

[9] Se trata de la batalla de Puente Milvio del año 312, en la que Constantino derrotó a su rival, Majencio, que se había proclamado Emperador.

y para el mundo, cayó bajo la influencia de Eusebio, obispo de Nicomedia.

Este obispo, que había apostatado durante la persecución de Majencio según se decía y que había obtenido de alguna manera la sede episcopal de Nicomedia, había conseguido primero la amistad de Constancia, la hermana del Emperador. Mientras Licinio, el marido de Constancia, estaba en guerra con su cuñado Constantino, el obispo Eusebio se comportó como su fiel amigo y lo apoyó en su rebelión contra el Emperador. Sin embargo, una vez que Licinio fue derrotado, el obispo transfirió inmediatamente su amistad al vencedor, Constantino. Eusebio se parecía a Arrio en su falta de reverencia y de sinceridad, y se había puesto de parte de Arrio contra el Patriarca Alejandro, alabando abiertamente las enseñanzas de Arrio y declarando que su único deseo era que todos compartiesen sus opiniones. Incluso se atrevió a escribir al Patriarca en defensa de Arrio, afirmando insolentemente que había sido depuesto de manera injusta.

Alejandro se estaba haciendo viejo, pero la fe estaba en peligro y había que actuar con firmeza. Además, junto a él, como un fiel perro guardián, estaba su secretario, el joven diácono Atanasio. El Patriarca envió cartas circulares al Papa San Silvestre y a todos los obispos, para prevenirlos del nuevo peligro que amenazaba a la Iglesia. "Puesto que Eusebio se ha colocado a la cabeza de estos apóstatas", escribió Alejandro, "es necesario que los fieles lo sepan, no sea que se vean engañados por su hipocresía".

Eusebio y Arrio quedaron asombrados e indignados por la firme actitud del Patriarca. Sospecharon que Atanasio tenía la culpa y surgió en ellos un odio inextinguible contra el joven diácono. El Emperador Constantino, que en aquel momento estaba visitando Nicomedia, donde había pasado gran parte de su juventud, escuchó la versión de la historia que le relató Eusebio. Según el astuto obispo, se trataba de una mera cuestión de palabras y lo único preocupante era el rencor y el veneno con que el Patriarca de Alejandría había perseguido a un hombre inocente y santo por haber osado tener una opinión distinta. Arrio fue presentado al Emperador como un sacerdote fiel e injustamente perseguido, un papel que sabía representar a la perfección.

Eusebio sabía bien que el gran deseo de Constantino era preservar y mantener la paz en el imperio. Por ello, le convenció de que, si se permitía que la disputa continuase, pronto se extendería por todo el Oriente, porque ya había grandes tensiones. Por otro lado, Constantino era conocido como protector y benefactor de la Iglesia, así que Eusebio le sugirió que utilizase su influencia y escribiese a Alejandro para que dejase a un lado aquella disputa "tan poco cristiana" e hiciese las paces con Arrio y sus seguidores. El Emperador, como había previsto Eusebio, se alarmó ante la perspectiva de desunión en sus dominios. Constantino era aún un catecúmeno y sabía muy poco sobre las grandes verdades del cristianismo, así que se creyó sin dificultad la historia de Eusebio y se apresuró a actuar según sus consejos. Escribió una carta en la que afirmaba que era un escándalo que la paz de la Iglesia fuera perturbada por un asunto tan trivial. Alejandro y Arrio debían perdonarse mutuamente, manteniendo cada uno su propia opinión si así lo deseaban pero en concordancia y con tranquilidad. Finalmente, les rogaba a ambos que le permitieran a él estar en paz haciendo la paz el uno con el otro y poniendo fin a todas sus disputas.

La carta fue entregada a Osio, obispo de Córdoba y confesor de la fe,[10] venerado en toda la Iglesia por su sabiduría y santidad, para que se la entregase personalmente al Patriarca de Alejandría. Osio era obispo de la Iglesia de Occidente y sólo había oído vagos rumores sobre Arrio y sus seguidores en Oriente. Su primer encuentro con el Patriarca de Alejandría, sin embargo, le abrió los ojos a la importancia de la cuestión que se estaba discutiendo. No se trataba de meras palabras ni de diferencias de opinión, sino que el núcleo mismo del cristianismo estaba en juego. Había que avisar al Emperador y había que hacerlo inmediatamente. Los dos obispos, probablemente con la ayuda de Atanasio, escribieron una carta

---

[10] Había sido torturado y desterrado en la persecución de Diocleciano. Fue consejero del Emperador Constantino y es probable que sus enseñanzas fueran decisivas para la conversión de Constantino al cristianismo. Murió a los ciento un años, después de ser azotado por los arrianos.

al Emperador, rogándole con insistencia que convocase un concilio ecuménico de la Iglesia para decidir la cuestión. La misiva se envió por medio de un leal mensajero y llegó a su debido tiempo a sus manos.

Constantino, que deseaba sinceramente hacer lo correcto, acudió al Papa, San Silvestre, para unirse con él en la convocatoria del concilio. A los obispos que eran demasiado pobres como para emprender un largo viaje acompañados por sus clérigos, el Emperador les ofreció los medios necesarios. También se comprometió a alojar y mantener a los participantes en el concilio mientras éste durase. La población de Nicea,[11] en Bitinia, a unos treinta kilómetros de Nicomedia, fue elegida como lugar de reunión. Todos los cristianos sinceros confiaban en que así la Iglesia conseguiría la paz y la unidad.

[11] La actual Iznik, en Turquía.

## Capítulo 3: El gran concilio

A comienzos del verano del año 325, comenzaron las sesiones del concilio de Nicea. Había trescientos dieciocho obispos presentes, además de una multitud de sacerdotes, diáconos y acólitos. La gente decía que era como el día de Pentecostés, con "hombres de todas las naciones y todas las lenguas".

Muchos llevaban las gloriosas marcas de los sufrimientos que habían soportado por Cristo. La salud de otros había quedado quebrantada por los largos años en prisión. Allí estaban los obispos ermitaños de Egipto, Pafnucio[12] y Potamon,[13] cada uno de los cuales había perdido un ojo por la fe; Pablo de Neocesarea,[14] cuyos músculos habían sido quemados con hierros al rojo, como demostraban sus manos paralizadas; Ceciliano de Cartago,[15] intrépido y fiel guardián de su rebaño; Santiago de Nisibis,[16] que había vivido durante años en el desierto, en cuevas y montañas, así como Espiridón,[17] el pastor y obispo de Chipre, y el gran Nicolás de Mira,[18] ambos conocidos por sus milagros.

---

[12] Padre del desierto y discípulo de San Antonio, posteriormente ordenado obispo. En la persecución de Galerio y Maximino, se mantuvo fiel a la fe y le arrancaron el ojo derecho antes de enviarlo a las minas.

[13] Obispo de Heráclea junto al Nilo, que sufrió la misma suerte que San Pafnucio. Años después, fue apaleado por los arrianos, que lo dejaron por muerto. Se recuperó, pero murió al poco tiempo y San Atanasio dijo de él que había sufrido un "doble martirio", ante los paganos y ante los arrianos.

[14] Obispo de Neocesarea del Ponto (la actual Niksar, en Turquía), torturado en la persecución de Licinio con apaleamientos y planchas ardientes.

[15] Obispo de Cartago, que había sido depuesto de su cargo por los herejes donatistas, hasta que un concilio presidido por el Papa lo rehabilitó.

[16] Primer obispo de Nisibis, en Mesopotamia. Iniciador de la escuela siria y maestro de San Efrén.

[17] Había pasado su infancia como pastor del ganado de su padre. Durante la persecución de Maximino, le arrancaron el ojo derecho, lo desjarretaron y lo enviaron a las minas. Al terminar la persecución, fue nombrado obispo de Tremitunte. Conocido por su vida humilde y sus numerosos milagros.

[18] Obispo de Mira, en la actual Turquía, arrojado en prisión durante la persecución de Diocleciano. Era de un carácter muy dulce y amistoso, pero se cuenta que durante el concilio llegó a golpear a Arrio, indignado por su

Entre los obispos de Occidente, se encontraban Teófilo el Godo, de cabellera dorada y piel enrojecida, que había ganado a miles para la fe, y Osio el español, conocido como el "santo", nombrado por el Papa como su representante junto con los dos legados papales, Víctor y Vicente.[19] La Iglesia de Oriente también contaba con el venerable Macario,[20] obispo de Jerusalén, y con Anfión,[21] torturado durante la persecución de Diocleciano.

Finalmente, allí estaba el anciano Patriarca de Alejandría, el prelado de más rango de la Iglesia de Oriente, que había llevado consigo a su ayudante, el joven diácono Atanasio.

De los trescientos dieciocho obispos presentes, diecisiete, encabezados por Eusebio de Nicomedia, simpatizaban con las opiniones de Arrio. Es cierto que eran pocos en número, pero Eusebio era consejero de Constantino y amigo de su hermana Constancia, de modo que podía confiar en su influencia con el Emperador y en sus conocidos poderes de persuasión.

Cuando llegó el día de la inauguración del concilio, los obispos y clérigos se reunieron en una gran sala que había sido preparada con esa finalidad. En su centro, sobre un espléndido trono, se encontraba una copia de los cuatro Evangelios, como símbolo de la presencia de Cristo en medio de su Iglesia. En un extremo, se había erigido un pequeño trono dorado para el Emperador, mientras que los obispos y clérigos se sentaban en sillas y bancos a lo largo de toda la sala.

herejía. También es conocido como San Nicolás de Bari, por la ciudad italiana donde se encuentra su cuerpo, y es el origen de la figura de Santa Claus o Papá Noel.

[19] Enviados por el Papa Silvestre I. Debido a la distancia, sólo participaron siete padres conciliares occidentales.

[20] Primer obispo de Jerusalén (después del periodo en que había sido rebautizada por los romanos como Aelia Capitolina). Encontró junto con Santa Elena las reliquias de la Santa Cruz e impulsó la construcción de la Basílica del Santo Sepulcro.

[21] Obispo de Epifanía de Cilicia que posteriormente sustituyó a Eusebio en la sede de Nicomedia.

De repente, un susurro rompió el silencio: "¡El Emperador!" Toda la asamblea se levantó. Muy pocos de los presentes habían visto antes al hombre cuyo nombre estaba en boca de todos. ¡El César era cristiano!

Solo y sin cortesanos que lo atendiesen, inclinada la cabeza y con semblante humilde, el Emperador cruzó el umbral. Era un hombre de noble presencia y dignidad real, ataviado con las vestiduras imperiales color púrpura, relucientes por el oro y las piedras preciosas, y con la corona imperial sobre la frente. Algunos habían estado anteriormente ante la púrpura imperial, pero en circunstancias muy diferentes: "¡Ave César, los que van a morir te saludan!"

Avanzó lentamente y con pasos vacilantes entre las filas de obispos puestos en pie para honrarlo. Constantino el Grande, el conquistador del mundo romano, temblaba en la presencia de aquellos confesores de la fe, que llevaban en sus cuerpos las marcas del conflicto. En medio de aquella augusta asamblea, él, como catecúmeno, no era más que un niño. Ni siquiera quiso sentarse en el trono preparado para él hasta que los obispos insistieron en que lo hiciera.

El Emperador les habló con deferencia y cortesía. No le correspondía a él, dijo, dictarles cuáles debían ser sus decisiones, porque él no era más que otro siervo con ellos del glorioso Señor y Maestro. Se habían reunido para preservar la paz y la concordia en la Iglesia y para poner fin a cualquier causa de conflicto. Debían hacer todo lo posible para conseguirlo.

Los ojos de todos estaban puestos en dos hombres. Uno de ellos tenía unos sesenta años, era alto y flaco y estaba vestido pobremente, como alguien cuya vida es austera. Un mechón rebelde ensombrecía su cara, que mostraba una palidez sepulcral. Su mirada se mantenía generalmente baja, debido a un defecto en la vista. Tenía una curiosa forma de moverse al hablar, que sus enemigos comparaban a una serpiente reptando. Era propenso a momentos de frenesí y gran agitación, pero, cuando así lo deseaba, también era capaz de comportarse de manera seria y encantadora, que fascinaba tanto a hombres como a mujeres. Era Arrio, el heresiarca.[22]

El otro, sentado en un escabel junto al Patriarca de Alejandría, era delgado, de piel clara y joven. Sólo su amplia frente y sus ojos intensos y perspicaces revelaban algo del espíritu que lo animaba, pues no mostraba ningún nerviosismo. Sereno y alerta, silencioso pero rápido en sus movimientos. Era como un joven San Miguel apoyado en su espada, listo para defender la verdad cuando llegase el momento oportuno. Atanasio, el diácono.

Se pidió al heresiarca que explicase sus doctrinas ante la asamblea. Su discurso fue largo y elocuente, aprovechando al máximo sus poderes de seducción. Intentó esconder el verdadero sentido de sus palabras utilizando hermosas expresiones, pero su significado quedó claro para todos: "Jesucristo no es Dios".

Los padres conciliares y confesores de la fe, horrorizados ante su blasfemia, gritaron y se taparon los oídos. La indignación fue general. Eusebio y sus partidarios quedaron consternados. Arrio había sido demasiado claro. Había expuesto sus opiniones con demasiada crudeza y tanta claridad no era oportuna, pues ya no estaba hablando a ignorantes. El propio Eusebio se levantó para hablar y, con los modales encantadores y taimados por los que era conocido, intentó maquillar lo que había dicho Arrio.

Afirmó que el Hijo de Dios era infinitamente santo, la más santa de todas las criaturas del Padre y muy por encima de todas las demás. En ese sentido, explicó que Jesucristo estaba muy, muy cerca del propio Padre, tan cerca que era casi Dios. Terminó señalando que los arrianos creían todo lo que la Iglesia enseñaba.

En ese momento, uno de los obispos presento una carta a los padres conciliares. Había sido escrita por Eusebio a uno de sus

---

[22] En el lenguaje tradicional de la Iglesia, un heresiarca no es un simple hereje, sino el autor de una herejía que extravía a muchos cristianos. También fueron heresiarcas, por ejemplo, Nestorio, Donato, Lutero o Calvino.

amigos. Estaba llena de herejías y mostraba con total claridad la duplicidad del obispo arriano y de sus seguidores. La indignación volvió a estallar y la carta fue rota en mil pedazos en presencia del concilio. Incluso Eusebio quedó avergonzado, pero hubo otros que tomaron su lugar y los arrianos continuaron discutiendo.

Sentado en su lugar, el joven destinado a ser el campeón de la fe durante los turbulentos años por venir permanecía en silencio, aunque siempre alerta. Aún no había hablado, pero finalmente Alejandro le hizo una señal. La espada salió reluciente de su vaina. Ay de aquellos que recibieran sus golpes. En pocas palabras, agudas y claras como diamantes, Atanasio rasgó por completo los velos que los arrianos utilizaban para encubrir su auténtico propósito. "¿Quién os ha engañado, hombres sin sentido", preguntó, "para que llaméis criatura al Creador?"

Era el campeón de Cristo, el campeón de la verdad. Los obispos se maravillaron ante sus palabras, que mostraban una clara inspiración divina, y dieron gracias a Dios por haber suscitado tal baluarte contra el error. Los ojos de Alejandro brillaban: para esto había continuado en este mundo, sabiendo lo que iba a suceder. El largo trabajo de su vida casi había llegado a su fin y podía irse en paz. Atanasio estaba en su puesto.

Era hora de poner fin a la discusión. Todos aborrecían a Arrio y sus opiniones. Osio, el representante del Papa San Silvestre, redactó una profesión de fe, que se presentó para que todos la firmaran. Definía para siempre la divinidad de Cristo y sigue siendo, hasta el día de hoy, la profesión de fe de todo el mundo católico, el credo niceno: "Nacido del Padre antes de todos los siglos, Dios de Dios, Luz de Luz, Dios verdadero de Dios verdadero, engendrado, no creado, de la misma naturaleza que el Padre..."

El Emperador había escuchado la discusión con atención, siguiéndola en la medida que podía con su limitado entendimiento de la doctrina católica. Estaba de acuerdo con la profesión de fe con todo su corazón. Sólo faltaba que todos la firmaran. Antes de ello, sin embargo, había que asegurarse de que la herejía fuese erradicada de una vez para siempre, no fuera que el mismo problema volviese a aparecer en el futuro. Debía añadirse algo más al documento antes de firmarlo: "Y si alguien dijere que hubo un tiempo en que Dios no existía o si alguien sostuviere que el Hijo no es de la misma naturaleza que el Padre o que es [...] como un ser creado, la Iglesia Santa, Católica y Apostólica lo condena, como condena para siempre a Arrio y sus escritos".

Una vez modificado, el texto fue presentado a los obispos para que lo firmaran. Todos estaban contentos, excepto los diecisiete arrianos. El Emperador expresó su total satisfacción con las decisiones del concilio y afirmó que apoyaría la ley de la Iglesia con la ley del Estado y que aquellos que se rebelasen serían castigados.

Las filas de los arrianos comenzaron a vacilar. Varios obispos firmaron el credo y pronto se redujeron a cinco los que todavía no lo habían firmado, con Eusebio a la cabeza.

El Emperador habló de destierro. Era un argumento poderoso. Eusebio vaciló. Recibió, además, un mensaje de Constancia que le pedía que cediera, porque la resistencia no tenía objeto. Finalmente, firmó la profesión de fe en compañía de su amigo Teognis de Nicea. Entonces, Arrio y varios de sus partidarios[23] fueron condenados al destierro y sus escritos a ser quemados públicamente.

La tranquilidad sucedió a la discusión y otros asuntos de menor importancia se decidieron satisfactoriamente. El concilio había terminado, pero Constantino no había terminado con los obispos. Era el vigésimo aniversario de su reinado, un día que solía ser celebrado con gran solemnidad y regocijo por los emperadores romanos, y se había preparado un banquete en el palacio. El Emperador deseaba el honor de agasajar a los confesores y padres de la fe.

Verdaderamente, los tiempos habían cambiado. Los soldados de la guardia imperial saludaban con sus espadas desenvainadas a

---

[23] Es decir, solamente dos obispos, Teonas de Marmárica y Segundo de Tolemaida, fueron desterrados a Iliria (en los actuales Balcanes) junto con Arrio.

los invitados del Emperador cuando pasaban junto a ellos al entrar en el palacio, los mismos soldados que, en otros tiempos que muchos de los presentes recordaban, habían arrastrado a los cristianos hacia la tortura y la muerte.

El Emperador los recibió con veneración, besando devotamente las cicatrices de los que habían sufrido por la fe. Una vez terminado el banquete, les rogó que rezasen por él y los colmó de regalos, además de dar a cada uno de los obispos una carta para el gobernador de su provincia, que ordenaba que se realizase una distribución de trigo a las iglesias para alimentar a los pobres.

Todos tenían el corazón lleno de alegría y gratitud. Después de despedirse del Emperador, cada uno volvió a su propia tierra. El concilio de Nicea había terminado.

Había algunos, sin embargo, que no albergaban en su corazón ni alegría ni paz ni gratitud: Eusebio de Nicomedia y Teognis de Nicea. La perspectiva de volver a sus sedes y confesar que habían sido derrotados les resultaba especialmente amarga. Eusebio conocía bien a los funcionarios del palacio y sobornó al bibliotecario para que le dejase ver una vez más el famoso documento que acababa de ser firmado por tantos obispos. Aprovechando un momento en el que el funcionario no estaba presente, los dos arrianos borraron sus nombres de la profesión de fe y, al volver a su tierra, siguieron enseñando las doctrinas que la Iglesia había condenado.

Contaban con la protección de Constancia y con su influencia sobre el Emperador, pero estaban equivocados. Tres meses después del concilio de Nicea, Eusebio y Teognis fueron depuestos por Alejandro y los obispos de Egipto, que eligieron prelados católicos para que tomasen su lugar. El Emperador apoyó la decisión de la Iglesia y desterró a los rebeldes. "Eusebio me ha engañado de forma vergonzosa", escribió a los fieles de Nicomedia.

¿Quién podía prever que el Emperador, que al fin había descubierto la perfidia de su amigo, pronto volvería a caer en el engaño, de forma más vergonzosa aún, por obra del mismo hombre cuyos embustes había comprobado?

## Capítulo 4: La calma antes de la tempestad

Con los enemigos de la Iglesia en el exilio, hubo paz durante un tiempo. Los paganos acudían en tropel para aceptar la fe. Los templos paganos eran derribados y se construían iglesias cristianas en su lugar. El mismo Emperador construyó al menos ocho en Roma, según las indicaciones del Papa San Silvestre, y las dotó de todo lo necesario para el culto a Dios.

Constantino, sin embargo, se sentía un extranjero en la capital de su imperio. Había pasado su juventud en la corte de Nicomedia y consideraba que su hogar estaba en Oriente. Además, Roma tenía recuerdos trágicos para él. Allí había hecho ejecutar a su hijo Crispo, falsamente acusado de traición por su madrastra Fausta. El joven César había sido valiente, honrado y el favorito de todos. Cuando su padre descubrió su inocencia, ya era demasiado tarde. Fausta sufrió la pena debida por el crimen cometido, pero su muerte no podía devolver la vida a la inocente víctima.

Así pues, Constantino decidió construirse una ciudad imperial en la tierra que amaba, lejos de la escena de la tragedia. Puso sus cimientos en Bizancio y llamó a su obra Constantinopla, la ciudad de Constantino. No se reparó en gastos para conseguir que la nueva capital fuera la ciudad más espléndida del mundo. El Emperador llevó hasta allí obras de arte desde tierras lejanas, reclutó a los más hábiles artistas y constructores de Europa y de Oriente, empleó enormes sumas de dinero y construyó iglesias cristianas, pero no podía dar a su ciudad imperial aquello de lo que el mismo carecía: una fe pura y firme. Constantinopla estaba destinada a ser el hogar de todas las herejías.

Mientras tanto, murió el santo Patriarca Alejandro. Estando en su lecho de muerte, había mandado llamar a su querido Atanasio, pero no hubo respuesta. Atanasio había huido de la ciudad, porque, por ciertas palabras del anciano, temía que sería escogido para sucederlo.

"¡Atanasio!" llamó una vez más el Patriarca.

Uno de los presentes tenía el mismo nombre, que era relativamente común en Oriente, y fue llevado junto al lecho del obispo agonizante, pero los ojos de éste no se detuvieron en él.

"¡Atanasio!" volvió a llamar. "Crees que puedes escapar, pero no será así". Y con estas palabras, murió.

Lo mismo pensaban muchos otros. Atanasio era conocido por su celo, sus conocimientos, su vida austera y su ardiente amor a Dios. Era joven, pero más sabio que muchos ancianos. Cuando los obispos se reunieron para elegir a su nuevo Patriarca, el pueblo católico rodeó la iglesia, levantando las manos al cielo y gritando "¡Dadnos a Atanasio!" Los obispos no podían estar más de acuerdo con la petición. Atanasio fue elegido, como nos cuenta San Gregorio, con el apoyo de todo el pueblo y por decisión de los obispos de la Iglesia.

Era una pesada carga para los hombros de un joven con apenas treinta años de edad. Se avecinaban pruebas y combates muy fuertes. Si Atanasio hubiera podido conocerlos en aquel momento, quizá incluso su espíritu audaz e impávido habría vacilado, pero él aceptó la voluntad de Dios tal como la conocía con valentía. Cargaría con la carga que le era impuesta con todo el entusiasmo de su fuerte corazón, hasta que llegara la hora de entregarla a otro.

Los primeros años de Atanasio como Patriarca fueron años de paz, durante los cuales se dedicó a la labor que amaba, trabajando por la conversión de los paganos y visitando todos los rincones de su gran diócesis, el patriarcado de Alejandría. Viajó de población en población, confirmando y fortaleciendo a la Iglesia y cimentando su amistad con los clérigos bajo su autoridad.

Un día, cuando sólo había sido Patriarca durante unos meses, recibió el mensaje de un extranjero, que quería hablar con él. Su nombre era Frumencio y venía de un país lejano. Atanasio estaba presidiendo un sínodo de obispos. "Que entre", dijo, "y que nos cuente él mismo lo que desea". El extranjero era un hombre de noble apariencia y bien educado. Tenía una historia fascinante que contar. Su hermano Edesio y él, huérfanos desde su infancia, habían sido adoptados por un tío suyo que era muy culto y se dedicaba a la filosofía. Como deseaba ardientemente emprender un viaje a Abisinia[24] para estudiar la geografía del país, pero no quería interrumpir la educación de sus dos jóvenes sobrinos, los llevó consigo para que continuasen sus estudios junto a él. Una vez terminado su trabajo allí, zarpó rumbo a su país con los dos muchachos, pero, al acercarse a tierra para obtener provisiones, el barco fue atacado por salvajes y todos los que estaban a bordo del mismo murieron.

Los muchachos habían bajado a tierra y estaban leyendo juntos bajo un árbol cuando se produjo el ataque. Los salvajes se apiadaron de su juventud y, en lugar de matarlos, se los llevaron prisioneros y los entregaron a su rey como esclavos.

Gracias a su inteligencia y amabilidad, los dos niños pronto se granjearon la amistad de su bárbaro amo. Cuando crecieron y se hicieron hombres, desempeñaron puestos de confianza en el reino y fueron colmados de honores. El rey estimaba especialmente a Frumencio, el mayor de los dos, de manera que éste tenía una gran influencia para bien sobre el monarca. Cuando el rey enfermó y se vio cerca de la muerte, llamó a su esposa, que debía cuidar de su hijo tras su muerte. "Deja que Frumencio te ayude a gobernar", dijo; "es más sabio y más leal que ninguna otra persona del reino".

La reina nombró a Frumencio tutor del joven rey y gobernador del reino, mientras que su hermano Edesio recibió un cargo menos importante. El mayor deseo de Frumencio era que el cristianismo se extendiese en la tierra que gobernaba, así que llamó a todos los mercaderes cristianos que acudían al país para comerciar y, después de entregarles ricos presentes, les rogó que construyesen iglesias y que hicieran todo lo posible por ganar a los bárbaros para la fe. Hubo muchas conversiones y, cuando el joven rey por fin llegó a la mayoría de edad, ya había comunidades cristianas en diversos lugares del país.

Una vez terminada su tarea como tutor del rey, Frumencio pidió permiso para volver a su propia tierra, con su hermano Edesio.

[24] La actual Etiopía, al sureste de Egipto.

Les costó mucho convencer al rey y a su madre de que les permitieran partir, pero finalmente lo consiguieron.

Frumencio, cuyo corazón suspiraba por el país al que tanto debía, había acudido directamente al Patriarca de Alejandría, para rogarle que enviase un obispo que se ocupase del creciente número de iglesias en Abisinia y que predicara la fe en los distritos en los que aún no era conocida.

El Patriarca y los obispos escucharon el relato con gran interés. Cuando Frumencio terminó de hablar, hubo un momento de silencio, que fue roto repentinamente por el propio Atanasio.

"¿Quién sería más digno de ese ministerio", exclamó, "que el hombre que está hoy ante nosotros?"

La sugerencia de Atanasio recibió la aprobación de todos y Frumencio fue ordenado. El Patriarca le otorgó después su bendición y lo envió de vuelta a su misión. En Abisinia, donde trabajó por Cristo con gran celo durante toda su vida, llegó a ser considerado un santo. Su hermano Edesio fue ordenado sacerdote y lo ayudó en su santa tarea.

Como ya hemos mencionado, Atanasio había pasado parte de su juventud con los monjes del desierto. Estaba orgulloso de haber sido acólito del gran San Antonio. Un día, decidió visitar como Patriarca el distrito conocido como la Tebaida,[25] donde San Pacomio, el padre del monacato oriental, había fundado muchos monasterios y había elaborado una regla para los monjes.

Pacomio había sido soldado, reclutado contra su voluntad para luchar en las guerras entre Constantino y Majencio. En cierta ocasión, durante un viaje, los soldados llegaron a Tebas, en Egipto, donde fueron tratados con aspereza y crueldad. Hambrientos, mal vestidos y desdichados, los jóvenes soldados estaban lamentando su mala fortuna cuando se acercó a ellos un grupo de desconocidos de la ciudad, que les dieron la bienvenida como amigos y hermanos y les proporcionaron alimentos, ropa y todo lo que necesitaban con tanta urgencia.

---

[25] Zona desértica en la parte meridional de Egipto, en torno a la ciudad de Tebas.

"¿Quiénes son estos hombres buenos?" preguntó Pacomio a uno de los habitantes de la ciudad.

"Son cristianos", fue la respuesta. "Son amables con todo el mundo, pero especialmente con los viajeros".

"¿Qué es un cristiano?" insistió el joven soldado.

"Alguien que cree en Jesucristo, el Hijo único de Dios, y hace el bien a todos", fue la respuesta.

Pacomio reflexionó durante unos minutos y después se apartó un poco de sus compañeros. "Dios todopoderoso, que has hecho el cielo y la tierra", gritó alzando sus manos, "si escuchas mi oración, me permites conocer tu santo Nombre y me libras de la situación en la que me encuentro, te prometo que me consagraré a tu servicio para siempre".

Poco después, Pacomio fue liberado y, tras buscar a un sacerdote cristiano, fue instruido en la fe y recibió el bautismo. Una vez bautizado, marchó enseguida a la celda de un viejo ermitaño llamado Palemon, famoso por su santidad y austeridad, y llamó a la puerta de su cabaña.

"¿Quién eres y qué quieres?" preguntó el anciano, abriendo su puerta sólo unos centímetros.

"Me llamo Pacomio y quiero ser monje", fue la respuesta.

"No puedes ser monje aquí", dijo Palemon. "Ser monje de verdad es muy difícil y hay pocos que perseveren".

"Puede que así sea", replicó Pacomio, "pero no todas las personas son iguales".

"Ya te he dicho", repitió el anciano, "que no puedes ser monje aquí. Vete a otro sitio para intentarlo. Si perseveras, podrás volver aquí".

"Prefiero quedarme contigo", dijo Pacomio.

"No sabes lo que pides", respondió Palemon. "Vivo a pan y agua; rezo y hago penitencia durante la mayor parte de la noche y, en ocasiones, toda la noche".

Pacomio se estremeció, porque le gustaba mucho dormir, pero replicó con entereza:

"Espero perseverar en Jesucristo y con ayuda de tus plegarias".

Palemon no pudo rechazarlo por más tiempo. Acogió al joven en su casa y encontró que era un discípulo humilde y fiel. Después de algunos años, los dos ermitaños fueron juntos al desierto de la Tebaida y comenzaron el trabajo que Dios había preparado para Pacomio, porque Palemon murió poco después.

Se fundaron muchos monasterios y los hombres acudían en gran número al desierto para consagrarse a Dios. Dormían sobre el suelo desnudo, ayunaban constantemente y cultivaban la tierra baldía o fabricaban cestas y esterillas con el basto carrizo que creía en los pantanos, para venderlas en beneficio de los pobres. Dos veces durante la noche, sonaba el cuerno que los convocaba a la plegaria, rompiendo el vasto silencio del desierto.

Al enterarse de la llegada de Atanasio, Pacomio acudió desde su solitario monasterio de Tabena, rodeado por sus monjes pero como uno más de ellos, por humildad o por temor a que Atanasio lo honrase demasiado. Un santo, sin embargo, supo detectar a otro y pronto se hicieron grandes amigos. Para el Patriarca, los monjes de Egipto representaban lo mejor y más sólido de su patria. Sabía que podía confiar en aquellos hombres y sus esperanzas no quedaron defraudadas. Todos los ermitaños del desierto se mantuvieron fieles a Atanasio durante los años de prueba que siguieron a esta visita.

De hecho, en todos los lugares que Atanasio visitó en su enorme diócesis, despertó instintivamente el cariño de todos los hombres leales y honorables. Aquel Patriarca era un precioso don de Dios para Egipto y para toda la Iglesia Católica.

## Capítulo 5: Falsos testimonios

La tormenta de la persecución que iba a desatarse con tanta furia contra San Atanasio ya se estaba preparando.

Constancia, la hermana favorita del Emperador, que siempre había sido una ferviente partidaria de los arrianos, enfermó de gravedad. El sacerdote que la atendía en su lecho de muerte, un amigo e instrumento de Eusebio de Nicomedia, la empujó a persuadir a Constantino, que la visitaba continuamente durante su enfermedad, de que Arrio y sus amigos habían sido condenados de manera injusta y de que el juicio de Dios caería por ello sobre él y sobre su imperio. Constantino, que era fácilmente influenciable por los que le rodeaban, comenzó a vacilar. Constancia murió pronto, pero el sacerdote arriano continuó la labor que había iniciado con tanto éxito. Alegaba que Arrio creía todo lo que la Iglesia creía y sólo necesitaba poder presentarse ante el Emperador para demostrar su inocencia.

Aunque Constantino había escuchado con sus propios oídos las blasfemias del heresiarca, había aprobado de corazón la decisión del concilio que lo había condenado y había ejecutado esa condena con el poder del Estado, terminó por ceder ante los razonamientos de aquel sacerdote.

"Si Arrio me demuestra que cree la profesión de fe del concilio de Nicea", afirmó, "podrá volver".

Esta buena noticia fue comunicada inmediatamente al hereje y a sus partidarios y Arrio se apresuró a acudir a Constantinopla, donde fue admitido a la presencia del Emperador.

"¿Es cierto que crees lo que enseña la Iglesia?" preguntó Constantino.

"Juro solemnemente que creo lo que llevo en mi mano", replicó Arrio, desenrollando el credo niceno.

En la palma de su mano, escondía un escrito que contenía sus falsas doctrinas, pero el Emperador no podía saberlo. Afirmó que con eso quedaba satisfecho y, de esta forma, se sembró la semilla que tanto fruto amargo iba a dar durante los siglos posteriores.

Como Arrio había vuelto, ya no había razón para que Eusebio y Teognis, que compartían sus opiniones, permanecieran en el destierro. De nuevo en Constantinopla, Eusebio recuperó por completo su antigua influencia sobre el Emperador.

Desde entonces, el Constantino de la visión celestial y del concilio de Nicea, sabio y humilde, desapareció de las páginas de la historia y un hombre tornadizo, caprichoso e inseguro tomó su lugar.

Lo primero que hicieron Eusebio y Teognis fue expulsar a los obispos católicos que habían sido elegidos para sustituirlos en sus sedes. Lo segundo fue determinar quiénes podrían constituir un obstáculo en su camino. Decidieron que tenían que librarse sin tardanza de Eustaquio, obispo de Antioquía, un intrépido defensor de la fe católica, y comenzaron a planear su ruina.

Viajaron a Jerusalén para visitar (al menos eso dijeron) la hermosa iglesia de la Santa Cruz, que el Emperador acababa de construir. A la vuelta, anunciaron que permanecerían unos días en Antioquía e invitaron a todos los obispos que consideraban sus amigos a reunirse con ellos para celebrar allí un sínodo. Fueron recibidos con gran cortesía por Eustaquio, que hizo todo lo que pudo para que su visita fuera agradable. Eusebio y Teognis, sin embargo, sobornaron a una pobre mujer de la ciudad para que irrumpiese en el sínodo y acusase a Eustaquio, ante todos los presentes, de un crimen escandaloso.[26]

Los dos obispos fingieron sentirse apenados y horrorizados por la acusación y lograron que Eustaquio fuera depuesto y se eligiera a un arriano en su lugar. Algunos se opusieron a su

[26] Eustaquio había escrito mucho en defensa de la fe católica y se había negado a permitir que hubiera sacerdotes arrianos en su diócesis, granjeándose el odio de los partidarios de Arrio. Las acusaciones contra él no fueron creídas por el pueblo, que estuvo a punto de amotinarse, pero Eustaquio los tranquilizó y marchó humildemente al destierro. Fue exilado a Trajanópolis de Tracia, en lo que actualmente es el norte de Grecia, y murió allí.

forma injusta e ilegal de actuar, pero Eusebio y Teognis los hicieron callar, afirmando que estaban siguiendo las órdenes del Emperador. Los obispos descontentos apelaron a Constantino, pero en vano. En aquellos momentos, los arrianos eran todopoderosos.

El siguiente obstáculo que había que eliminar no era otro que Atanasio, pero Eusebio era suficientemente astuto como para darse cuenta de que no sería fácil vencerlo. No sólo Atanasio era el principal obispo de la Iglesia en Oriente, sino que también había derrotado varias veces a los arrianos en su propio terreno.

Comenzó escribiendo una carta al Patriarca, para notificarle que Constantino había decidido que las opiniones de Arrio eran correctas y lo había mandado llamar de su destierro. Por lo tanto, afirmaba Eusebio, Atanasio debía recibirlo también y mostrar públicamente que estaba en comunión con él, porque de otro modo incurriría en el desagrado del Emperador.

La respuesta de Atanasio a este mensaje amenazador fue corta y decidida. Ni las amenazas ni la persecución, replicó, lograrían que actuase en contra de los decretos del concilio de Nicea. Arrio había sido condenado por la Iglesia Católica universal y todos los católicos debían acatar esa decisión.

Eusebio no se desanimó en absoluto. Escribió al Emperador y le contó con qué ligereza había respondido el Patriarca a sus deseos. "Atanasio es demasiado joven para un puesto tan importante", escribió, "y tiene un carácter pendenciero y obstinado. No hay nadie menos apropiado que él para un cargo que requiere un gran tacto y mucha caridad, si queremos que se mantenga la paz en la Iglesia". En consecuencia, sugería que el Emperador quizá podría escribirle personalmente, para que reconsiderase la cuestión. La amenaza del destierro siempre es un argumento poderoso.

Al recibir esta carta, el Emperador, para su vergüenza, escribió al Patriarca: "Habiendo sido informado de mis deseos, admite a la comunión con la Iglesia a todos los que lo deseen. Si llegase a mi conocimiento que pones obstáculos a cualquiera que desee esa comunión, mandaré inmediatamente a mis enviados para que te depongan de tu sede".

La respuesta del Patriarca fue firme y valiente. "Es imposible", afirmó, "que la Iglesia Católica esté en comunión con los que niegan la divinidad del Hijo de Dios y, por lo tanto, están luchando contra Él". Eusebio estaba de viaje cuando llegó la carta de Atanasio y el voluble Constantino quedó muy impresionado por su tono noble y valiente, de modo que el asunto no tuvo más consecuencias.

Eusebio, que seguía decidido a causar la ruina del Patriarca, buscó un nuevo instrumento para ello y encontró a los melecianos, que continuaban dando problemas y estaban siempre dispuestos a unirse a cualquier iniciativa contra la autoridad. Tres de ellos aparecieron repentinamente en Nicomedia, donde se encontraba en ese momento Constantino, y acusaron a Atanasio de haber usurpado las prerrogativas imperiales, cobrando un impuesto ilegal al pueblo. Por desgracia para los conspiradores, en ese momento había en la corte dos sacerdotes de Alejandría que demostraron al Emperador que el Patriarca era completamente inocente. Constantino llegó a escribir una carta a Atanasio, contándole las falsas acusaciones que se habían presentado contra él, condenando severamente a los responsables e invitándolo a viajar a Nicomedia.

Eusebio no había previsto ni querido la visita de Atanasio, pero ya no podía evitarla. Así pues, se puso a trabajar de nuevo para volver a Constantino contra él antes de su llegada. Una vez más, acudió a los melecianos, que acusaron al Patriarca de traición, afirmando que había enviado una bolsa llena de oro a cierto rebelde que había protagonizado una revuelta contra el Emperador. Por fortuna, cuando Atanasio llegó a Nicomedia, pudo demostrar que la historia era falsa y, para disgusto de Eusebio y sus partidarios, volvió a Alejandría con una carta del Emperador que proclamaba su inocencia y la perfidia de sus acusadores.

Los rumores de lo que había pasado llegaron incluso al desierto en el que vivía San Antonio y el anciano monje, al escuchar lo que su amigo y discípulo había tenido que sufrir, bajó de su cueva en la montaña para alabarlo por su valentía y para hablar al pueblo.

"No tengáis relación alguna con los arrianos", les dijo. "Vosotros sois cristianos y ellos afirman que el Hijo de Dios es una criatura". Los fieles acudieron en tropel a escuchar al venerable monje, porque todos habían oído hablar de sus milagros y de su santidad. Antonio los bendijo a todos y los exhortó a mantenerse firmes en la verdadera fe de Cristo, tan resueltamente defendida por su Patriarca. Después, terminada ya la labor que se había propuesto realizar, volvió a su soledad.

Los arrianos seguían conspirando. Un tiempo antes, cuando Atanasio había estado visitando la parte de la diócesis llamada Mareotis, había escuchado que un tal Isquiras, que pretendía ser sacerdote sin haber sido ordenado válidamente, estaba causando escándalo. Celebraba o, más bien, pretendía celebrar los Sagrados Misterios en una pequeña casa en la aldea en la que vivía, en presencia de sus parientes y de algunos campesinos ignorantes. Atanasio envió a uno de sus sacerdotes, llamado Macario, para que investigara la cuestión y trajese con él al impostor.

Al llegar a la aldea, Macario encontró que Isquiras estaba enfermo en cama y no podía emprender el viaje hasta Alejandría. Por lo tanto, advirtió a uno de sus parientes que el Patriarca había prohibido al enfermo que continuase con su pretendido ministerio y se marchó. Isquiras, una vez recuperado, se unió a los melecianos, quienes, espoleados por los arrianos, estaban ansiosos de encontrar una nueva acusación contra Atanasio. Al escuchar su historia, lo forzaron mediante amenazas y violencia a jurar que Macario había aparecido mientras estaba repartiendo la sagrada Comunión en la iglesia y que había derribado el altar, roto el cáliz, pisoteado la Hostia consagrada y quemado los libros sagrados. Además, afirmaron que todo esto se había hecho por orden del Patriarca.

Una vez más, Atanasio tenía que defenderse y, una vez más, demostró triunfalmente la falsedad de la acusación presentada contra él. En primer lugar, como mostró al Emperador, no había ninguna iglesia en el pueblo en el que vivía Isquiras. En segundo lugar, Isquiras estaba enfermo en cama cuando llegó Macario. Finalmente, incluso si no hubiera sido así, Isquiras nunca podría haber consagrado el Cuerpo de Cristo, porque no había sido ordenado válidamente. Poco después, el mismo Isquiras, que había escapado de manos de los melecianos, juró en presencia de trece testigos que había dado falso testimonio, forzado por las amenazas de los melecianos.

No obstante, el fracaso de este plan fue meramente la señal para comenzar a elaborar uno nuevo. Hicieron que un obispo meleciano llamado Arsenio, al que Atanasio había depuesto por negarse a obedecer los decretos del concilio de Nicea, se escondiese en el desierto. Después, los melecianos difundieron la historia de que había sido asesinado por el Patriarca, que guardaba su mano disecada para utilizarla con fines mágicos. Incluso se mostraba una caja que contenía la mano supuestamente perteneciente al obispo asesinado.

Parece ser que Constantino se creyó la historia, porque mandó llamar a Atanasio a Antioquía para que se sometiera a un juicio presidido por Eusebio y Teognis de Nicea. Atanasio no acudió, sino que envió a hombres de confianza al desierto para que buscasen al desaparecido Arsenio. Cuando, después de muchos esfuerzos, lo encontraron, el Patriarca se lo comunicó al Emperador, que, una vez más, escribió a Atanasio afirmando su inocencia y amenazando a los melecianos con graves castigos si inventaban más calumnias contra él. El propio Arsenio se arrepintió de su papel en la conjura, pidió perdón a Atanasio y le prometió obediencia como su Patriarca en el futuro.

## Capítulo 6: El exilio de un gran corazón

Atanasio había conseguido desbaratar una vez más los planes de sus enemigos, pero Eusebio seguía estando junto al Emperador y sabía cómo aprovechar sus puntos débiles. ¿Acaso era posible, le preguntaba, que tantas y tan variadas acusaciones se hubiesen presentado contra un hombre verdaderamente inocente? Atanasio era astuto y tenía muchos amigos que estaban dispuestos a jurar que lo negro era blanco por su causa, pero si comparecía en solitario ante sus acusadores, el Emperador descubriría pronto la verdad. Lo mejor, continuaba Eusebio, era que se celebrase inmediatamente un concilio para que se ocupara de las acusaciones contra Atanasio y que el Patriarca fuera convocado a asistir al mismo.

Constantino cayó en la trampa. Se convocó un concilio y se enviaron cartas a Alejandría. Atanasio, sin embargo, era consciente de que no podía esperar justicia de sus enemigos y, durante largo tiempo, se negó a abandonar su sede. Mientras tanto, el lugar de reunión se había cambiado de Cesarea a Tiro. Eusebio acusó a Atanasio de resistirse obstinadamente a las órdenes del Emperador, afirmando que sus razones eran evidentes: consciente de su culpabilidad, no se atrevía a enfrentarse a la asamblea de obispos. El Emperador amenazó con hacerlo traer por la fuerza si no acudía y, al ver que era inútil seguir resistiéndose, Atanasio partió hacia Tiro.

Fue un sínodo muy extraño. De los sesenta obispos presentes, casi todos eran arrianos y enemigos declarados de Atanasio. Los melecianos también estaban presentes. En las puertas, había guardias en lugar de diáconos. El sacerdote Macario, cuya inocencia había sido defendida por el mismo Constantino, fue llevado al sínodo custodiado por soldados y encadenado. El propio Atanasio tuvo que comparecer como un criminal ante sus jueces. Algunos de los obispos egipcios presentes protestaron con fuerza contra esa forma de actuar, pero sus voces fueron despreciadas.

Las viejas acusaciones volvieron a presentarse. Atanasio fue acusado de actuar de forma violenta y cruel y de ser una perpetua causa de conflictos. El Patriarca respondió que el juicio no era justo, ya que casi todos los presentes eran sus enemigos.

Se planteó de nuevo el asunto de Isquiras, pero no se pudo demostrar nada.

Finalmente, un obispo meleciano contó, con detalles emocionantes y trágicos, la historia del cruel asesinato de Arsenio.

"Aquí está la mano del asesinado", concluyó, mostrando y abriendo la famosa caja. De los arrianos brotó una exclamación de bien fingido horror.

"¿Alguno de vosotros conoció a Arsenio?" preguntó Atanasio con calma. Varios se levantaron. "En ese caso, aquí está mi testigo", dijo el Patriarca, haciendo una señal a un sacerdote que permanecía junto a la puerta.

Entró entonces en la sala un hombre con el rostro y el cuerpo cubiertos por una larga túnica, que Atanasio retiró lentamente. ¡Era el propio Arsenio quien estaba ante ellos!

"Aquí hay una mano", continuó el Patriarca, apartando la túnica, "y aquí está la otra. Supongo que Dios no ha dado más manos a nadie. Quizás los que defienden que esa mano cortada es de Arsenio nos puedan decir en qué parte de su cuerpo estaba antes de que la cortaran".

Hubo unos momentos de confusión general, durante los cuales el meleciano que había contado con tantos detalles la historia del asesinato de Arsenio decidió que más valía prevenir que curar y se apresuró a desaparecer de la asamblea. Los arrianos, sin embargo, no cejaron en sus esfuerzos y declararon que Atanasio había hecho que el muerto apareciera ante ellos mediante conjuros mágicos.

Era inútil seguir discutiendo contra una injusticia tan persistente. Atanasio dejó abruptamente el sínodo y marchó a Constantinopla, donde se colocó, como una figura seria y acusadora, en el camino del Emperador cuando éste salía de su palacio.

Constantino lo reconoció e intentó seguir adelante en silencio, pero Atanasio se mantuvo firme.

"Que el Señor sea juez entre tú y yo", dijo solemnemente, "si te pones de parte de mis enemigos contra mí".[27]

El Emperador se detuvo. "¿Qué deseas?" preguntó.

"Ser juzgado por un sínodo legítimo o enfrentarme a mis acusadores cara a cara en tu presencia", dijo Atanasio.

"Así se hará", replicó Constantino.

Los arrianos, mientras tanto, habían declarado a Atanasio culpable de todos los cargos presentados contra él y lo habían depuesto de su sede. Estaban felicitándose unos a otros por el éxito de su plan cuando recibieron una alarmante misiva del Emperador que los acusaba de ocultar la verdad y los emplazaba a acudir a Constantinopla. Varios de ellos, atemorizados, volvieron a sus hogares, pero otros más audaces, capitaneados por Eusebio y Teognis de Nicea, se pusieron en marcha hacia la ciudad imperial, preparando su estrategia por el camino.

Cuando llegaron, en lugar de reiterar los mismos cargos, acusaron a Atanasio de haber impedido que zarparan los barcos de grano de Alejandría hacia Constantinopla para provocar una hambruna. Era una artimaña muy astuta. Constantino era extremadamente susceptible en todo lo relativo a la prosperidad de su nueva ciudad y acababa de condenar a muerte a un amigo suyo por el mismo crimen. Se volvió contra Atanasio lleno de furia.

"Soy un hombre pobre y un obispo pobre, ¿cómo podría hacer algo así?" preguntó el Patriarca.

"Eres suficientemente rico y poderoso para hacer cualquier cosa", replicó amargamente Eusebio.

---

[27] Es una expresión frecuente en la Biblia, usada por David cuando Saúl lo trataba injustamente (cf. 1Sm 24,12.15), por Sara despreciada después de que Abraham tuviera un hijo con su esclava (cf. Gn 16,5) o por Jefté ante el rey de los amonitas, que había atacado a Israel sin provocación (cf. Jue 11,27).

En cuanto a Constantino, declaró que haría cumplir las decisiones del sínodo. Por el crimen supuestamente cometido, Atanasio merecía perder su vida, pero Constantino decidió mostrar indulgencia. Lo desterró a Tréveris,[28] en la Galia, y los arrianos triunfaron.

Hubo llanto y lamentos en Alejandría y en todo Egipto cuando llegó la noticia. Muchos reclamaron que se hiciera justicia, pero en vano. Ni siquiera una misiva de San Antonio pudo convencer a Constantino. No obstante, había una cosa que el Emperador no quería hacer, a pesar de todos los ruegos de los arrianos: nombrar un sucesor para el Patriarca ausente. Atanasio siguió gobernando el patriarcado de Alejandría desde su lejano exilio, escribiendo continuamente a sus obispos y a su clero, exhortándolos a mantenerse firmes en la fe y recordándoles que el camino para llegar al consuelo pasa por la aflicción.

Mientras tanto, Eusebio intentaba forzar a Alejandro, el anciano obispo de Constantinopla, a que admitiese a Arrio a la comunión con la Iglesia. Aunque ya tenía noventa años, el obispo se mantuvo firme y ni las amenazas ni los ruegos lograron persuadirlo. Finalmente, el Emperador fijó un plazo para que Alejandro recibiese al hereje en la Iglesia o fuera expulsado de su sede.

El obispo apeló al mismo cielo. Mandó que se realizase un ayuno de siete días en su diócesis, durante el cual los fieles debían pedir a Dios que evitase tal sacrilegio. Cuando sólo faltaba un día para que se cumpliese el plazo, al escuchar que Arrio había llegado a la ciudad, el prelado se postró en tierra ante el altar. "Señor", oró, "si mañana Arrio va a ser recibido este templo, te ruego que antes me lleves de este mundo, pero apiádate de tu Iglesia y no permitas que eso ocurra".

En ese mismo momento, Arrio estaba siendo escoltado en triunfo por sus seguidores a través de la ciudad. De pronto, el

[28] Junto al río Mosela, en lo que actualmente es Alemania. Era una ciudad muy importante en la época, como capital de la Galia Bélgica. El mismo Constantino había tenido en ella su corte cuando era augusto, antes de convertirse en emperador.

heresiarca palideció y tembló. Diciendo que no se sentía bien y que volvería en seguida, se retiró. Pasó el tiempo, pero no volvía, hasta que por fin fueron a buscarlo. Sólo encontraron un cadáver, cuyo aspecto terrible hizo que ellos también palidecieran. Arrio había muerto de forma repentina y horrible.

El destino del heresiarca causó una gran impresión al Emperador, a quien ya le quedaba poco tiempo de vida. Durante su última enfermedad, se sintió atormentado por el recuerdo de Atanasio. Su hijo mayor, Constantino II, cuya corte se encontraba en Tréveris, era un fiel amigo del Patriarca exilado y el moribundo emperador le envió un mensaje secreto para que devolviera a Atanasio a su sede. Después, Constantino recibió el bautismo de manos de Eusebio de Nicomedia y murió unos días más tarde.

El imperio se dividió entre los tres hijos del Emperador: Constantino, Constante y Constancio. Los dos primeros, buenos amigos de Atanasio, morirían a lo largo de los doce años posteriores a la muerte de su padre. Entonces, Constancio, que había heredado todos los defectos de Constantino el Grande y ninguna de sus cualidades y que además se encontraba bajo el influjo de los arrianos y era acérrimo enemigo de los partidarios de Atanasio, quedaría como único amo y señor de todo el imperio romano.

Una de las primeras medidas tomadas por Constantino II había sido llevar a Atanasio de vuelta a Alejandría. El Patriarca había permanecido más de dos años desterrado y la alegría por su regreso fue muy grande. Desgraciadamente, la alegría no duraría mucho, porque Egipto y Oriente eran la parte del imperio que había correspondido a Constancio, el cual había caído completamente en las redes de Eusebio.

Desde hacía mucho tiempo, Eusebio ambicionaba la sede de Constantinopla y, con la ayuda del Emperador, depuso al obispo legítimo y se colocó a sí mismo en su lugar. Cuando creía que ya nada podría detenerlo, la repentina aparición en escena de Atanasio, tan firme y sin miedo como siempre, desbarató todos sus planes. Tanto Constantino como Constante eran amigos de Atanasio y Constancio no era lo suficientemente fuerte como para enfrentarse a ellos.

Eusebio decidió dar un paso muy audaz: apelar al Papa. Inmediatamente, se puso a trabajar en la composición de una carta que era una obra maestra del engaño.

"Atanasio fue depuesto por un sínodo de la Iglesia", escribió, "de modo que su vuelta es ilegal". Después, incluyó una lista de todas las acusaciones presentadas contra el Patriarca en el sínodo de Tiro. "La tinta no mancha el alma", comentó Eusebio con ligereza, mientras mentira tras mentira iban tomando forma en el papel.

La carta fue enviada a Roma a través de tres amigos de confianza, pero el Papa Julio no era tan fácil de engañar. Sabía más sobre el asunto de lo que pensaban los arrianos. De hecho, sabía tanto que el jefe de los tres enviados se marchó repentinamente durante la noche, por miedo a lo que podría salir a la luz al día siguiente. Los demás perdieron completamente la serenidad y aceptaron enfrentarse cara a cara a Atanasio en un sínodo presidido por el propio Papa.

Eusebio montó en cólera cuando se enteró de este acuerdo. Comparecer en una ciudad occidental, sin que el Emperador lo respaldase, y presentar ante el Papa acusaciones contra Atanasio que sabía que eran falsas no era una idea muy atractiva para él. Así pues, prefirió tomarse la justicia por su mano, convocó un sínodo de sus amigos y eligió a un arriano llamado Gregorio para que tomase el lugar de Atanasio.

Incluso si el Patriarca hubiese sido depuesto justamente, sólo los obispos egipcios podían elegir a su sucesor, pero hacía tiempo que Eusebio y sus partidarios habían dejado de preocuparse por el derecho y la justicia. Teodoro, el gobernador de Egipto era un buen católico y estaba bien dispuesto hacia Atanasio, de modo que fue retirado de su cargo y se nombró en su lugar a un apóstata llamado Filagrio, conocido por su violencia y crueldad. Lo primero que hizo Filagrio fue publicar un edicto que reconocía a Gregorio como Patriarca de Alejandría y establecía que Atanasio debía ser tratado como enemigo. El nuevo gobernador tomó posesión de las iglesias de la ciudad con tropas armadas y Gregorio, rodeado por una poderosa escolta de soldados, entró triunfalmente en Alejandría. Todos los que se resistieron fueron encarcelados, azotados o asesinados. Para evitar un mayor derramamiento de sangre, Atanasio abandonó Alejandría y partió hacia Roma. La primera noticia que escuchó al llegar a Italia fue que su amigo y protector, Constantino II, había muerto.

## Capítulo 7: Un día de gozo

Fue un día negro para Alejandría. La mayoría de los obispos egipcios se negaron a reconocer a Gregorio como Patriarca y fueron arrestados inmediatamente. Unos fueron desterrados, algunos torturados y otros encarcelados. San Potamon, que había estado a punto de ser martirizado durante la persecución de Diocleciano, fue azotado con varas hasta que murió. La crueldad del usurpador hizo que fuera tan odioso a ojos de los alejandrinos que, después de cuatro años de tiranía, fue asesinado por la muchedumbre en un repentino estallido de furia.

Atanasio, mientras tanto, había llegado a Roma, donde fue recibido por San Julio I como un defensor de la fe. El Papa decidió que el caso de Atanasio debía juzgarse en su presencia, pero fue imposible lograr que los arrianos viajaran a Roma. Alegaron una excusa tras otra y pretextos sin fin. Eusebio, el líder de los arrianos, murió en la sede que había usurpado, pero su espíritu sobrevivió en sus seguidores. Los arrianos redactaron su propio credo y se lo enviaron al Papa, quien lo rechazó en el sínodo de Milán, señalando que el credo niceno era la confesión de la fe de la Iglesia Católica. El credo niceno, sin embargo, era precisamente lo que los arrianos no querían aceptar, ya que confesaba con total claridad la divinidad de Cristo.

Finalmente, se celebró un nuevo concilio en Sárdica,[29] en el que se consiguió que estuvieran presentes. Sin embargo, cuando se demostró que Atanasio era inocente y los obispos que habían sido desterrados comparecieron para testimoniar la violencia y crueldad con que habían sido tratados, los arrianos abandonaron abruptamente el concilio y volvieron a Filipópolis.[30] Allí formaron su propio concilio, en el que no sólo

---

[29] La actual Sofía, capital de Bulgaria. El concilio fue presidido por Osio de Córdoba.

[30] Actualmente, Plovdiv, en Bulgaria, a unos ciento cincuenta kilómetros de Sárdica.

excomulgaron a Atanasio, sino que también tuvieron la desvergüenza de "excomulgar" al propio Papa Julio.

El concilio de Sárdica, en el que estuvieron presentes obispos ortodoxos de Italia, Hispania, Galia, África, Grecia, Palestina y Egipto, continuó su marcha sin ellos. La inocencia de Atanasio quedó finalmente establecida y se condenó a los arrianos y su credo. Se escribió una carta circular a todas las Iglesias locales, informándolas de lo que había pasado, y se enviaron legados a los dos Emperadores, Constante y Constancio.

Constancio no se atrevió a resistir. Urgido por su hermano, que se esforzó por revelar la verdadera conducta de los arrianos y le amenazó con una guerra civil si continuaba defendiéndolos, envió cartas a Alejandría ordenando que Atanasio fuese recibido con honores. Gregorio había muerto poco tiempo antes, así que no había ningún obstáculo para la vuelta de Atanasio.

Mientras tanto, los alejandrinos habían recibido una carta del Papa Julio que alababa a su Patriarca. "Si los metales preciosos", había escrito el Papa, "como el oro y la plata, son acrisolados a fuego, ¿qué podemos decir de tan gran hombre, que ha sufrido tantos peligros y aflicciones y que vuelve a vosotros después de ser declarado inocente por decisión de todo el concilio? Recibid, pues, amados, a vuestro obispo Atanasio con toda alegría y glorificando a Dios".

Nunca se había visto en Alejandría tal regocijo. El pueblo acudió de toda la ciudad para salir al encuentro de su Patriarca exilado, cantando himnos de alegría, agitando ramas de árboles y cubriendo con ricas alfombras el camino por el que iba a pasar. Cada montículo estaba abarrotado de gente que anhelaba ver por un instante aquel rostro y aquella figura tan queridos. Habían pasado seis años desde que lo habían visto por última vez y habían sufrido mucho durante su ausencia.

En cuanto a Atanasio, su único pensamiento, como siempre, era confirmar a su pueblo en la fe. Los que habían sido extraviados por los arrianos fueron perdonados y recibidos con la mayor caridad. Se animó con ternura y paciencia a los débiles, que habían cedido por temor. Los que habían sido enemigos de Atanasio fueron saludados como amigos a la menor señal de arrepentimiento. Durante un tiempo, los arrianos quedaron derrotados y no pudieron hacer nada, porque el Emperador Constante era demasiado poderoso para ellos.

Era la hora del Patriarca y Atanasio decidió aprovecharla al máximo. Los obispos de Egipto se reunieron en torno a él. Se tomaron medidas para cuidar de viudas y huérfanos, para alojar y alimentar a los pobres y para advertir a los fieles contra las falsas doctrinas. Las iglesias no eran suficientemente grandes como para contener las muchedumbres que acudían a ellas. Fue un tiempo de paz concedido por Dios a su pueblo, con objeto de fortalecerlo para la tormenta que se avecinaba.

Se consagraron nuevos obispos, hombres de Dios en los que se podía confiar. Incluso los monjes, en sus lejanos monasterios, recibieron cartas de su Patriarca llenas de inspiración, animándolos a poner en práctica los ideales de la vida espiritual y a orar por la paz de la Iglesia. En efecto, a pesar de todos sus trabajos, Atanasio encontraba tiempo para escribir cartas contra los arrianos y tratados en defensa de la fe y sobre la vida religiosa, que eran textos brillantes, incisivos y convincentes. Era necesario permanecer vigilantes, porque los arrianos seguían tratando de seducir a los cristianos con sus falsas doctrinas, enseñando que Cristo no era Dios. Las cartas de Atanasio eran un arma poderosa para defender la verdad.

Los años pasaron en oración y trabajo incesantes, hasta que todo Egipto adquirió fortaleza y firmeza en la fe. "Los santos del siglo IV eran gigantes", dice un escritor moderno, "pero el de Alejandría fue el mayor de todos".

Se acercaba la hora en que su obra iba a ser probada como el oro en el crisol. Constante murió en una batalla, dejando a Constancio como amo y señor de todo el imperio. Los católicos contemplaron el cambio con un comprensible recelo, pero durante un tiempo el nuevo Emperador pareció bien dispuesto hacia ellos e incluso llegó a ofrecer a Atanasio su amistad. Desgraciadamente, era una oferta en la que no se podía confiar.

El Papa Julio también había muerto y había sido sucedido por Liberio. Una de las primeras acciones de Constancio como único Emperador fue escribir al nuevo Papa, ofreciéndole ricos presentes y exhortándole a que condenara a Atanasio. También los arrianos le escribieron, repitiendo todas las antiguas acusaciones, pero en vano. Liberio rechazó con indignación tanto los regalos como las peticiones.

Se desató una nueva persecución. Al principio, no atacaron a Atanasio, pero sus enemigos sólo estaban esperando a encontrar un nuevo pretexto para ir contra él. Pronto lo encontraron.

En pascua del año 354, las Iglesias de Alejandría estaban tan repletas de fieles que apenas se podía respirar en ellas. La gente pidió a Atanasio que celebrase la liturgia pascual en una gran iglesia que acababa de ser construida pero aún no había sido consagrada. Atanasio dudó si debía hacer eso sin permiso, ya que la iglesia había sido construida en un terreno propiedad del Emperador, pero finalmente lo convencieron para que lo hiciera. A fin de cuentas, el Patriarca Alejandro había hecho lo mismo en la iglesia de San Teonas[31] en una ocasión similar. En caso de necesidad, ciertamente era legítimo hacerlo, pero no habían tenido en cuenta a los arrianos, que inmediatamente acusaron a Atanasio de haber usurpado una prerrogativa imperial.

El Patriarca, en su famosa *Apología a Constancio,* expuso las razones que habían aconsejado el uso de la iglesia,[32] pero no sirvió de nada. Su suerte ya había sido decidida y se presentaron contra él otras falsas acusaciones. En primavera del año siguiente, Constancio, Emperador de Oriente y Occidente, forzó a los participantes en un gran sínodo convocado por él en Arlés (Francia) a que condenasen a Atanasio. El propio Emperador estaba presente con sus tropas y amenazó con la espada desenvainada a aquellos que se resistieron a sus deseos. Los obispos que se negaron a firmar fueron azotados, torturados o exilados y el Papa fue desterrado a Berea,[33] donde fue tratado con dureza y crueldad.

---

[31] San Teonas había sido Patriarca de Alejandría a finales del siglo III.

[32] También se defendía en el mismo escrito contra otras acusaciones falsas: haber vuelto al Emperador Constante contra su hermano Constancio, haber mantenido correspondencia con Magnencio, el usurpador que mandó matar a Constante, y haber desobedecido al Emperador al viajar a Italia a ver al Papa.

Durante el invierno del año siguiente, un general romano llamado Siriano llegó a Alejandría con un gran ejército. El general era arriano, así que los alejandrinos sospecharon motivos ocultos. Atanasio le preguntó si traía algún mensaje del Emperador, pero Siriano respondió que no. Entonces, el Patriarca le recordó que Constancio había prometido no perturbar la paz de Alejandría. El general se mostró de acuerdo, pero sin dar ninguna razón para su presencia allí. Durante tres semanas, no sucedió nada extraño, hasta que, finalmente, sucedió lo que todos temían.

Era medianoche y el obispo estaba celebrando una vigilia en la iglesia de San Teonas, cuando gritos y exclamaciones rompieron el silencio de la noche. Siriano había rodeado la iglesia con cinco mil hombres, decidido a capturar al Patriarca, vivo o muerto.

A la tenue luz del santuario, podía verse a Atanasio en la sede episcopal, tranquilo e imperturbable en medio del tumulto. "Lee el salmo ciento treinta y cinco", dijo a uno de los diáconos, "y, cuando termines, todos saldremos de la iglesia". Las palabras del salmo resonaron por todo el templo, con su mensaje de esperanza y confianza, seguidas por las respuestas del pueblo: "Alabad al Señor porque es bueno; porque es eterna su misericordia. Alabad al Dios de los dioses, porque es eterna su misericordia".

Los que estaban más cerca del obispo le instaron a que escapase. "El lugar de un pastor está junto a su rebaño", respondió con firmeza.

---

[33] Ciudad de la provincia romana de Tracia, en la parte norte de la Grecia moderna. El Papa permaneció desterrado dos años y luego volvió a Roma. Esta vuelta hizo creer a Atanasio que el Papa Liberio podía haber sido obligado por la fuerza a firmar su excomunión, pero parece más bien que esa excomunión fue un invento propagandístico arriano, ya que no concuerda con la conducta anterior y posterior del Papa Liberio, que siempre condenó el arrianismo y defendió valientemente a Atanasio. En cualquier caso, incluso si hubiera existido, la excomunión habría sido inválida, al haberse obtenido por la fuerza.

Apenas había terminado el salmo, cuando los soldados entraron con las espadas desenvainadas. Muchos de los fieles huyeron, otros fueron pisoteados o asesinados.

Atanasio siguió sentado, rezando con las manos unidas. De nuevo, le pidieron que huyera: "No mientras haya fieles aún en la iglesia", respondió.

En su desesperación, los clérigos y monjes terminaron por tomar la iniciativa. Agarraron a Atanasio y se lo llevaron en volandas para sacarlo de la iglesia, pasando entre los soldados, que estaban buscando por todas partes al Patriarca. Como el mismo Atanasio dijo más tarde, era como si Dios hubiera tapado sus ojos.

En la oscuridad de aquella noche de invierno, Atanasio huyó, de nuevo exilado y fugitivo.

## Capítulo 8: El Patriarca invisible

Era, ciertamente, la hora de las tinieblas y parecía que los poderes del mal se hubiesen desencadenado en el mundo. Los arrianos, con el Emperador de su lado, triunfaban por doquier. Casi todos los obispos que habían defendido la fe de Nicea estaban en el exilio o en prisión.

San Antonio, que ya tenía más de cien años, se encontraba en su lecho de muerte. Sus monjes, reunidos en torno al santo moribundo, gemían por los días de angustia que estaba sufriendo la Iglesia.

"No temáis", les dijo el anciano, "porque este poder es terreno y no puede durar. En cuanto a los sufrimientos de la Iglesia, ¿es que no ha sido así desde el principio y no será así hasta el final? ¿Acaso no dijo el propio Maestro 'si me han perseguido a mí, también a vosotros os perseguirán'? ¿No empezaron los peligros de los falsos hermanos ya durante la vida de los que habían sido compañeros de Cristo? Y aun así, ¿no nos prometió el Maestro que, aunque fuera en medio de la persecución, estaría con su Iglesia para siempre y las puertas del infierno no prevalecerían contra ella?"

Con estas palabras de esperanza y consuelo en sus labios, San Antonio marchó hacia su recompensa en el cielo y lo enterraron en su solitaria tumba del desierto. Su sayal de piel de oveja, recibido de manos de Atanasio años antes, se lo envió con su bendición antes de morir al Patriarca, que lo guardó como su posesión más preciada.

Los alejandrinos no se habían rendido sin luchar. Habían protestado abiertamente contra la violencia de Siriano, proclamando por toda la ciudad que Atanasio era su verdadero Patriarca y que nunca reconocerían a otro. No sirvió de nada. Comenzó una época de terror en la que todos los que se negaban a aceptar el credo arriano eran tratados como criminales. Hombres y mujeres fueron apresados y azotados, algunos incluso ejecutados. Atanasio fue denunciado como "fugitivo, malhechor, embustero e impostor, que merecía la muerte". Llegaron cartas del Emperador que ordenaban que todas las iglesias de la ciudad fueran entregadas a los arrianos y exigían que el pueblo recibiese sin objeciones al nuevo Patriarca que pronto les enviaría.

Pasó el tiempo y la situación empeoró. Las iglesias fueron invadidas: altares, ornamentos y libros litúrgicos se quemaron y se ofreció incienso idolátrico en las mismas llamas. Se sacrificó un buey en el santuario. Sacerdotes, monjes y monjas fueron apresados y torturados. Los fieles veían como sus casas eran asaltadas y se les despojaba de sus bienes. Muchos obispos sufrieron el destierro y fueron sustituidos en sus sedes episcopales por arrianos, generalmente los que estaban dispuestos a pagar más dinero para ser elegidos, o incluso paganos, pero los fieles estaban dispuestos a soportar cualquier sufrimiento con tal de no estar en comunión con ellos.

Cuando el Emperador Constancio consideró que la resistencia de los alejandrinos había sido quebrada suficientemente, se dirigió a ellos con una carta conciliadora. En ella, les explicaba que, ahora que el impostor Atanasio ya había sido expulsado, les iba a enviar a un Patriarca admirable: el venerable Jorge de Capadocia, el más sabio de los maestros, capaz en todos los sentidos de guiarlos por el camino hacia el cielo y de elevar sus corazones de las cosas terrenas a las celestiales.

La fama del "venerable" Jorge, sin embargo, ya había llegado a Alejandría. Había comenzado su carrera como vendedor de carne porcina al ejército romano. Era un negocio en el que un hombre hábil podría haber logrado una fortuna considerable, pero Jorge no era muy hábil y tenía demasiada prisa por enriquecerse. Una falta de honradez tan desvergonzada como la suya no podía pasar desapercibida y sólo había conseguido salvarse de acabar en prisión mediante una huida precipitada. Se decía que había sido ordenado sacerdote por los arrianos incluso antes de ser cristiano. Más que un sacerdote, pues, era una útil herramienta en sus manos, porque se había mostrado capaz de todo.

Era un ignorante y un iletrado. No había estudiado ni teología ni la Escritura. Además, se trataba de un hombre de vida disoluta, desalmado, cruel y avaricioso. Su objetivo como Patriarca y como carnicero de cerdos era ganar dinero. Cuanto más mejor y lo más rápido posible. Este era el "más sabio de los maestros" que elevaría "sus corazones de las cosas terrenas a las celestiales". Los fieles, con certera intuición, se prepararon para lo peor.

No tuvieron que esperar mucho. Incluso el usurpador Gregorio podía considerarse compasivo en comparación con Jorge de Capadocia. Varios monasterios fueron pasto de las llamas. Los obispos, sacerdotes, vírgenes y viudas, así como cualquier persona que permaneciese fiel a la Iglesia, fueron insultados, torturados o asesinados. Muchos murieron como consecuencia de los maltratos y otros se vieron obligados a obedecer. Las tropas del Emperador, mandadas por un arriano, estaban allí para cumplir los deseos de Jorge.

El nuevo Patriarca, impasible ante los sufrimientos de sus víctimas, se afanaba en enriquecerse. Poco a poco, fue tomando el control de todas las profesiones de la ciudad. Incluso se convirtió en el jefe de los enterradores de la urbe y dictó una ley en virtud de la cual los que osaran enterrar a sus muertos en un ataúd que no hubiera sido vendido por él podían ser castigados severamente. Como era de esperar, sus ataúdes costaban una pequeña fortuna. Al cabo de dos años, había agotado la paciencia de los alejandrinos, tanto paganos como cristianos. Se produjo un levantamiento popular y el Patriarca, que no tenía madera de héroe, huyó para salvar su vida. Durante los tres años siguientes, vagabundeó por el Oriente, participando en todas las intrigas arrianas.

Mientras tanto, ¿dónde estaba Atanasio? Nadie lo sabía o, al menos, eso parecía. Había desaparecido en la oscuridad de la noche. Era invisible, pero su voz no podía ser silenciada y era una voz que conmovía al mundo. Mensajeros de confianza diseminaron un tratado tras otro en defensa de la fe verdadera y una carta tras otra a los obispos de Egipto, a sus amigos y a los fieles. Los arrianos tenían al Emperador romano de su lado, pero la pluma de Atanasio era más poderosa que los ejércitos de Constancio.

"Dios os consolará", escribió a su pueblo de Alejandría al escuchar que las iglesias estaban en manos de los arrianos. "Aunque ellos tengan los templos, vosotros tenéis la fe de los Apóstoles. Aunque ellos estén en los lugares sagrados, permanecen lejos de la fe, pero vosotros, aunque seáis expulsados de las iglesias, poseéis la fe en vuestros corazones. ¿Qué es más importante, el lugar o la fe? El lugar sólo es bueno cuando la fe de los Apóstoles se enseña en él y sólo es santo cuando alberga la santidad".

Los rumores decían que Atanasio se escondía en la Tebaida, entre los monjes. Los arrianos registraron el desierto palmo a palmo para encontrarlo, pero en vano. Los monjes podrían haber arrojado luz sobre el asunto, pero eran gente silenciosa, dedicada a la plegaria y al trabajo manual, y aparentemente no entendían lo que se les preguntaba, ni siquiera cuando eran interrogados con un puñal en la garganta.

Los monjes, silenciosos pero fieles, tenían centinelas por doquier, continuamente alerta para descubrir la llegada de los enemigos. De esa forma, Atanasio siempre recibía aviso a tiempo y era conducido por guías de toda confianza a otro lugar seguro. En algunas ocasiones estuvo a punto de ser capturado, pero durante seis años logró burlar a sus perseguidores. No había ningún monje que no hubiera dado gustosamente la vida por él. Vivió entre ellos como uno más y aprendieron más de él sobre la vida religiosa de lo que pudieron enseñarle. Vivía tan austeramente como el más santo de los monjes, siempre sereno y desinteresado en medio de las privaciones y los peligros. A pesar de que a veces tenía que esconderse durante meses en las cuevas de la montaña, donde su única comida era lo que los fieles pudieran llevarle, sólo pensaba en la Iglesia. Los arrianos habían hecho de Constancio su jefe espiritual y le habían concedido el título de "Eterno", que precisamente habían negado al Hijo de Dios. Sus obispos y maestros estaban por todas partes, pero Atanasio, como Antonio, se apoyaba con firmeza en la promesa de Cristo.

Habría sido una locura volver abiertamente a Alejandría mientras Constancio aún vivía, pero Atanasio visitó la ciudad en secreto, arriesgando su vida, varias veces durante aquellos terribles años. Aunque los arrianos le habían forzado a esconderse y habían puesto precio a su cabeza, seguía siendo un enemigo tan formidable para ellos como lo habría sido en Alejandría. Su espíritu seguía presente entre los fieles, animándolos a perseverar, alegrándolos cuando se sentían apesadumbrados, confortándolos y consolándolos en su sufrimiento. A pesar de su ausencia, seguía siendo su padre y su obispo. Su voz llegó incluso a la lejana Galia, donde animó a San Hilario de Poitiers y a otros que luchaban, al igual que él, contra la herejía.

Los arrianos se comportaban a su manera habitual, "siempre escurridizos, siempre intrigantes", como dijo uno que los conocía bien. Al darse cuenta de que sus doctrinas originales resultaban ofensivas para los oídos católicos, habían adoptado la postura conocida como "semiarriana", según la cual el Hijo era similar al Padre, pero no de una sola naturaleza con él.

En un sínodo en el que habían sido acusados de negar la divinidad de Cristo, habían respondido: "Todo el que diga que Jesucristo es una criatura como las demás criaturas sea anatema". En otro que tuvo lugar poco después (porque los arrianos y Constancio celebraban un sínodo cada pocos meses para aprovecharlo en sus intrigas), afirmaron claramente que Jesucristo no era Dios, sino una criatura. Alguien que estaba presente y que también había asistido al sínodo anterior les recordó lo que habían dicho en aquella ocasión. "No queríamos decir que Jesucristo no fuera una criatura", respondieron, "sino sólo que era una criatura de un tipo distinto que las demás".

Mientras tanto, como las cosas se habían apaciguado un poco en Alejandría, Jorge de Capadocia decidió volver para ver si podía sacar algo más de dinero. Fue recibido con un ominoso silencio, porque los paganos lo aborrecían casi tanto como los cristianos.

Unos días después, llegó a la ciudad la noticia de que Constancio había muerto y había sido sucedido como Emperador por su sobrino Juliano. Era la hora de ajustar cuentas. Jorge fue atrapado por los paganos y literalmente despedazado. Su cuerpo fue quemado y sus cenizas se esparcieron con el viento. Así pereció el "prelado digno de toda alabanza" y no parecía probable que el nuevo Emperador se esforzase mucho en vengar su muerte.

Juliano, conocido como el Apóstata, había sido alumno de Eusebio de Nicomedia y un modelo de piedad juvenil, pero las raíces del cristianismo que le había transmitido Eusebio eran superficiales. Posteriormente, fue a Atenas a estudiar, donde también estaban estudiando San Basilio y San Gregorio, dos grandes doctores de la Iglesia. "¡Qué víbora está criando el Imperio en su seno!" exclamó Gregorio, buen juez del carácter. "Mas quiera Dios que no se cumpla esta profecía".

En cuanto Juliano fue coronado Emperador, se quitó la máscara y se declaró abiertamente pagano. Los templos de los dioses fueron reconstruidos, se ofrecieron sacrificios y se ofrecieron riquezas y honores a los cristianos que apostataran.

Se publicó un edicto permitiendo que la gente practicase la religión que quisiese y suspendiendo el exilio de los que habían sido desterrados por Constancio. Esto parecía generoso, pero si Juliano no creía en la persecución era porque lo único que había conseguido en el pasado había sido fortalecer a los cristianos en su fe. Sus métodos eran diferentes. Se otorgaron privilegios a los paganos que se negaban a la Iglesia. Los "galileos", como Juliano llamaba a los cristianos, fueron ridiculizados y el paganismo fue ensalzado como la única religión digna de hombres cultos.

Los resultados no fueron los que esperaba el Emperador y éste se quejó amargamente del escaso número de personas que habían respondido a sus esfuerzos por ilustrarlos. En cuanto a la Iglesia, sabía muy bien lo que tenía que esperar: un enemigo declarado es menos peligroso que un falso amigo.

## Capítulo 9: Una paz efímera

Atanasio no tardó en aprovechar el decreto que permitía que los obispos desterrados volviesen a sus sedes. En el camino hacia Alejandría, se detuvo a conversar con otros nobles exilados que, al igual que él, habían sufrido por la verdad. Muchos de los fieles habían sido forzados o inducidos mediante amenazas o persuasión a aceptar el credo de los arrianos. ¿Qué debía hacerse para que los débiles pudiesen volver a la fe?

Atanasio y aquellos que habían estado dispuestos a dar sus vidas con él por la verdad mostraron que no sólo eran valientes y nobles, sino también amables y compasivos, y decidieron facilitar todo lo posible esa vuelta. Anunciaron que se otorgaría libremente la absolución a todos los que aceptasen el credo de Nicea. Los extraviados eran en su mayor parte buenos cristianos y creyentes que habían cedido en un momento de debilidad o temor, o que habían sido engañados por las afirmaciones de los arrianos. Lo habían pasado muy mal, pero la nueva proclamación de Atanasio los liberó de lo que parecía una pesadilla. El mismo Papa expresó su aprobación de la paciencia mostrada por Atanasio y los obispos de Occidente se apresuraron a seguir su ejemplo.

En otros lugares, especialmente en Antioquía y Constantinopla, el arrianismo había echado raíces. Eran los baluartes de la herejía, donde el espíritu de Eusebio de Nicomedia aún prevalecía. Sus seguidores no estaban dispuestos a restablecer la comunión con Atanasio, a quien habían considerado durante años su enemigo mortal, ni podía esperarse que admitiesen sin lucha el triunfo de la verdadera fe.

Gracias a Atanasio y a sus infatigables esfuerzos, Egipto y Alejandría se habían mantenido, en su mayor parte, fieles a la Iglesia Católica. Podemos imaginar la alegría con la que los alejandrinos recibieron a su Patriarca exilado, después de seis años de ausencia. Habían sido dignos de su obispo, pues ellos también habían combatido valientemente por la fe. Habían derramado su sangre por Cristo y habían sufrido mucho. Podían recibir a su Patriarca sin avergonzarse. Numerosos paganos, que habían observado el comportamiento de los cristianos durante la persecución, acudían ahora a pedir el bautismo, incluidas algunas nobles señoras griegas a las que Atanasio instruyó y bautizó él mismo.

Todo esto llegó al conocimiento del Emperador Juliano, que ya estaba furioso por la influencia que ejercía el Patriarca de Alejandría en todo el imperio. Había esperado que la vuelta de Atanasio del exilio constituyese una causa de división entre los cristianos, pero de hecho había sido una señal para la reconciliación general. El Emperador se dio cuenta de que, mientras la voz de aquel audaz campeón de la Iglesia Católica resonase en los oídos de sus súbditos, el paganismo no podría triunfar.

Otros tenían la misma opinión. Se trataba de los magos, adivinos, pitonisas y otros sirvientes de la idolatría que, alentados por el favor de Juliano, proliferaban en Alejandría como en el resto del Imperio. Se quejaron al Emperador de que la presencia de Atanasio arruinaba su negocio e incluso de que sus encantamientos no funcionaban cuando él estaba cerca. Pronto no quedaría ni un pagano en la ciudad si se le permitía permanecer allí.

Apenas habían pasado ocho meses desde la vuelta del Patriarca a Alejandría cuando el gobernador de Egipto recibió una misiva del Emperador. "Nada me daría más placer", escribía, "que la noticia de que has expulsado del país a ese malhechor".

Poco después, el Emperador se dirigió a los propios alejandrinos. "He permitido que los galileos", escribió Juliano, "vuelvan a su tierra, pero no a sus iglesias. Aun así, he escuchado que Atanasio, con su acostumbrado atrevimiento, ha vuelto a sentarse en lo que llaman su 'trono episcopal'. Por lo tanto, le ordeno que abandone inmediatamente la ciudad o se atenga a las consecuencias".

El gobernador de Egipto, que conocía bien el cariño que sentían los alejandrinos por su Patriarca, no se atrevió a tomar medidas contra él. Por su parte, los ciudadanos escribieron una carta al Emperador, rogándole que volviese a considerar el asunto y permitiese que Atanasio permaneciera en su sede episcopal.

Todo esto sólo sirvió para enfurecer más aún a Juliano. "Me sorprende y apena escuchar que vosotros, alejandrinos", escribió, "que tenéis al gran dios Serapis y a Isis su reina como patronos,[34] pedís mi permiso para mantener a ese hombre entre vosotros. Sólo espero que los ciudadanos más sabios no hayan sido consultados y que se trate únicamente de la iniciativa de unos pocos. Me avergüenza pensar que alguno de vosotros pueda considerarse galileo. Ordeno que Atanasio abandone no sólo Alejandría, sino también Egipto".

El gobernador también recibió un mensaje muy cortante. "Si Atanasio, el enemigo de los dioses, permanece en Egipto después de las calendas de diciembre", decía, "tus tropas y tú pagaréis cien libras de oro. Se desprecia a los dioses y yo me siento insultado".[35]

Juliano, sin embargo, no confiaba mucho en lo que pudieran hacer el gobernador o los alejandrinos. Para asegurarse bien, mandó a sus enviados a Alejandría con orden de asesinar al Patriarca.

Los fieles lloraban desconsolados, pero Atanasio los confortaba. "Este tiempo es sólo una nube pasajera", les dijo. "Pronto habrá terminado". Después, encomendando a su rebaño en manos de sus clérigos más leales, dejó la ciudad para marchar de nuevo al destierro.

Salió de Alejandría justo a tiempo. Apenas había desaparecido, cuando llegaron los enviados de Juliano. "¿Dónde está Atanasio?" preguntaron, pero un ceñudo silencio fue la única respuesta que obtuvieron.

El Patriarca, mientras tanto, había llegado al Nilo. En la ribera, había un bote esperándolo. Subió a la embarcación y remaron rápidamente corriente arriba, hacia la Tebaida.

---

[34] Son los dos dioses considerados como principales durante la dominación griega de Egipto por los Ptolomeos y posteriormente durante la dominación romana. Mezclaban características de la antigua religión egipcia y del paganismo griego.

[35] Entre los romanos, se llamaba "calendas" al primer día de cada mes.

Fue un momento peligroso, pero los fieles estaban alerta. Los fugitivos recibieron un mensaje de que los soldados del Emperador, con órdenes para atrapar y matar al Patriarca, habían averiguado dónde se encontraba y habían jurado alcanzarlo. Sus compañeros le rogaron que bajase a tierra y se refugiase en el desierto.

"No", dijo Atanasio. "Dad la vuelta y remad hacia Alejandría". Pensaron que estaba loco, pero no se atrevieron a desobedecer sus órdenes. "Aquel que está por nosotros es mayor que el que está contra nosotros", les dijo, sonriendo, al ver sus rostros atemorizados.

Pronto avistaron el barco imperial, cuyos remeros se esforzaban al máximo para perseguir al fugitivo.

"¿Habéis visto a Atanasio? ¿Está muy lejos?" gritaron, al acercarse al pequeño bote.

"Está muy cerca", respondió con tranquilidad el Patriarca. "Seguid adelante".

La tripulación redobló sus esfuerzos y el pequeño esquife pronto desapareció de la vista. No hace falta decir que no encontraron su presa. En cuanto a Atanasio, continuó su viaje a Alejandría, donde volvió a desembarcar para permanecer escondido durante unos días, antes de marchar de nuevo a los desiertos de la Tebaida.

El "enemigo de los dioses" había desaparecido, al menos durante un tiempo, pero Juliano seguía sin lograr el triunfo del paganismo y tenía la impresión de que los mismos dioses estaban contra él. Nunca había tenido un año tan desafortunado como el que siguió al destierro de Atanasio. Hubo terremotos por todas partes: Nicea y Nicomedia quedaron en ruinas y Constantinopla sufrió graves daños. Un extraordinario maremoto arrasó la parte inferior de la ciudad de Alejandría, dejando conchas y algas en los tejados de las casas. A continuación, el hambre y las plagas comenzaron a asolar el imperio y muchos señalaron que las hambrunas parecían seguir los pasos del Emperador allá donde iba. La gente sentía pavor ante el anuncio de su llegada. En Antioquía, donde permaneció un tiempo considerable, los sufrimientos fueron terribles. Juliano ordenó que se realizaran sacrificios a los dioses. Tantos bueyes blancos fueron sacrificados que se decía que pronto no quedaría ninguno en todo el imperio, pero la situación siguió sin mejorar.

Juliano había empezado siendo tolerante, pero la decepción estaba despertando la violencia que había en él. Declaró que la culpa de todo la tenían los galileos. Ordenó que los soldados cristianos de su ejército arrancasen la cruz del estandarte sagrado de Constantino y los ejecutó cuando se negaron a hacerlo. Muchas iglesias cristianas fueron clausuradas y los vasos sagrados del altar fueron robados y profanados. Los que osaron resistirse fueron encarcelados o asesinados. Se arrojó vino ofrecido a los dioses a los pozos y fuentes públicas y toda la comida vendida en los mercados se contaminó de la misma manera. Dos funcionarios imperiales que protestaron por esta profanación fueron ejecutados, aunque Juliano se apresuró a explicar que no había sido por su religión, sino por su insolencia.

Al Emperador le gustaba parecer un filósofo. Con sus uñas largas y sucias, así como su pelo y su barba sin peinar, esperaba dar la impresión a sus súbditos de que era un hombre sabio, tan absorto en el saber que estaba por encima de cosas tan banales como la limpieza. Desgraciadamente, sus excentricidades tuvieron el efecto contrario y el pueblo se burlaba de él. Se reían de sus sacrificios, en los que abría con sus propias manos a la víctima sangrante para ver si podía leer en sus entrañas las señales de éxito o fracaso. Se reían de sus escritos en alabanza de los dioses, en los que se presentaba a sí mismo recibiendo cumplidos de todos ellos. Se reían de su baja estatura, de sus hombros estrechos y de las grandes zancadas que daba al caminar, como si, según decían, fuera un pariente cercano de uno de los gigantes de Homero.[36]

---

[36] Homero habla de diversos gigantes monstruosos, como la tribu de cien gigantes nacidos de Gaia (la Tierra) que fueron exterminados en batalla contra los dioses, así como Polifemo y los demás cíclopes o los lestrigonios, caníbales de gran tamaño que destruyeron once de las doce naves de Ulises.

Juliano se vengaba de ellos en las sátiras que escribía, en las que Constantino, el primer emperador cristiano, era especialmente ridiculizado. La culpa era de los galileos, como sucedía con todos los demás problemas, y Juliano continuó descargando sobre ellos su rabia. Fue la última batalla del antiguo paganismo antes de desaparecer.

## Capítulo 10: El último destierro

Ya no era seguro que Atanasio permaneciese cerca de Alejandría, porque los paganos tenían el control de la ciudad. Dos de sus clérigos más valientes y leales habían sido apresados y desterrados y las tropas de Juliano buscaban al Patriarca en todos los rincones. Atanasio tuvo que marchar a la Tebaida, donde fue recibido con el mismo entusiasmo que la vez anterior. Protegido por la oscuridad de la noche, llegó por el río hasta Hermópolis,[37] con la intención de quedarse allí un tiempo para predicar al pueblo. Las riberas del río estaban repletas de obispos, monjes y clérigos que habían acudido a dar la bienvenida a su padre espiritual.

Atanasio desembarcó y, subido en un asno guiado por Teodoro, abad de Tabena,[38] se dirigió a la ciudad escoltado por una gran multitud de personas con antorchas que cantaban himnos de alabanza. Cuando llegó, se bajó de su montura y los monjes le pidieron su bendición. "Ciertamente son benditos y dignos de toda alabanza estos hombres que llevan siempre la cruz del Señor", respondió.

Después de permanecer un tiempo en Hermópolis, acudió con el abad Teodoro a su monasterio de Tabena, cuyos monjes le profesaban un afecto unánime. Se interesaba vivamente en todo lo relacionado con la vida religiosa, hasta el trabajo de los hermanos más humildes. "Estos hombres, dedicados a la humildad y a la obediencia", solía repetir, "son nuestros padres y no nosotros los suyos".

Las grandes ciudades del antiguo Egipto, Tebas la de las Cien Puertas y Menfis, que había sido capital del reino, eran ya ciudades muertas, cuyas glorias habían pasado. En cambio, la

---

[37] Hermópolis Magna, actualmente El-Ashmunein, marcaba la frontera entre el Medio y el Alto Egipto.

[38] San Teodoro de Tabena. Nacido de una familia cristiana rica, lo dejó todo y marchó al desierto como monje. Fue discípulo de San Pacomio, fundador del monacato oriental, y llegó a ser abad del monasterio de Tabena, donde también eran monjes dos de sus hermanos.

gloria que aquellos hombres buscaban en sus humildes monasterios era eterna. Las cosas de este mundo eran insignificantes y pasajeras para los que vivían con el pensamiento puesto en la eternidad.

El país estaba lleno de memorias sagradas. En las riberas del Nilo, que fluía tranquilamente entre las antiguas ciudades de Egipto, Moisés había elevado sus manos en plegaria por la liberación de su pueblo. Mucho después, el Salvador del mundo había acudido a morar durante un tiempo junto al gran río, sembrando las semillas que ahora producían una cosecha sobreabundante.

A mediados del verano, Atanasio estaba en Arsinoe[39] cuando llegó la noticia de que sus enemigos habían encontrado su pista una vez más. El abad Teodoro, que estaba visitando al Patriarca, lo convenció de que se embarcara en su barco cubierto y marchara con él a Tabena. La corriente y el viento estaban en su contra y los monjes tuvieron que desembarcar y remolcar el barco desde tierra. El progreso era muy lento y los soldados de Juliano no podían estar lejos. Atanasio estaba absorto en la oración, preparándose para la muerte como mártir que en aquella ocasión parecía muy cercana.

"No temáis", dijo uno de los monjes llamado Amón, "porque Dios es nuestro refugio".

"No tengo miedo", respondió Atanasio. "Durante muchos años, he sufrido la persecución y nunca ha perturbado la paz de mi alma. Es una alegría sufrir y la mayor de todas las alegrías es dar la vida por Cristo".

Durante un rato, todos guardaron silencio para dedicarse a la oración. Mientras el abad Teodoro rogaba a Dios que salvase a su Patriarca, recibió una revelación divina de que, en ese momento, el Emperador Juliano había encontrado la muerte en la batalla contra los persas y de que sería sucedido por Joviano,[40]

[39] También conocida como Cocodrilópolis, por haber estado consagrada al dios cocodrilo egipcio, Sobek. Era la capital de uno de los nomos o regiones de Egipto. Actualmente se denomina Al Fayyum.

[40] Hijo de uno de los comandantes de la guardia de Constantino. En la batalla

un cristiano católico. Inmediatamente, dio la buena noticia a Atanasio y le aconsejó que se presentara cuanto antes al nuevo Emperador, para pedirle que lo reinstaurase en su sede patriarcal.

Mientras tanto, habían llegado a Tabena, donde los monjes se habían reunido con gozo al enterarse de que Atanasio estaba cerca. Grande fue su pena cuando escucharon que solo había ido a despedirse de ellos. Lo rodearon llorando y rogándole que los recordara en sus plegarias. "Si me olvido de ti, Jerusalén", exclamó Atanasio con las palabras del Salmista, "que se me seque la mano derecha".

El Emperador Joviano había sido oficial del ejército romano y su carácter amable y jovial habían hecho que los soldados le cobrasen tanto afecto que fue proclamado Emperador inmediatamente después de la muerte de Juliano. No era necesario suplicar justicia a un hombre así. Apenas había llegado Atanasio a Alejandría cuando recibió una carta cordial del Emperador.

"De Joviano a Atanasio, fiel siervo de Dios", comenzaba la misiva. "Estando lleno de admiración por la santidad de tu vida y tu celo en el servicio de Cristo nuestro Salvador, te tomo desde este día bajo mi protección imperial. Soy consciente del valor que hace que no des importancia a los mayores esfuerzos y los peores peligros, los sufrimientos de la persecución o el temor a la muerte. Has luchado fielmente por la verdad y con ello has edificado a todo el orbe cristiano, que te considera un modelo de todas las virtudes. Por lo tanto, deseo que retornes a tu sede episcopal y enseñes la doctrina de la salvación. Vuelve a tu pueblo, alimenta al rebaño de Cristo y ruega por mí, porque por medio de tus oraciones espero recibir la bendición de Dios".

El Emperador mandó otra carta poco tiempo después, pidiendo a Atanasio que le explicase con claridad la verdadera fe e invitando al Patriarca a que lo visitara en Antioquía. Atanasio replicó que la fe de Nicea era la única que debía creerse y

---

en la que murió Juliano fue nombrado Emperador por las legiones. Inmediatamente, aprobó leyes favorables al cristianismo. Sólo reinó durante ocho meses.

defenderse. Era la fe de todo el orbe católico, con la excepción de unos pocos que seguían manteniendo las doctrinas de Arrio. De todas formas, consideró que era prudente aceptar la invitación del Emperador y marchó poco tiempo después a Antioquía. Hizo bien en actuar así, porque los arrianos ya estaban allí. Habían llevado con ellos a un hombre llamado Lucio, con la esperanza de que Joviano lo nombrase Patriarca de Alejandría en lugar de Atanasio.

"Somos alejandrinos", declararon, "y queremos rogarte que nos des un obispo".

"Ya he ordenado a Atanasio que vuelva a su sede", fue la respuesta.

"Tenemos pruebas contra él", dijeron ellos. "Fue condenado y desterrado por los Emperadores Constantino y Constancio".

"Todo eso sucedió hace diez o veinte años", respondió el Emperador. "No tiene sentido volver ahora sobre ello. Además, sé perfectamente por quién fue acusado y cómo fue desterrado. No hace falta que digáis nada más".

Los arrianos insistieron: "Danos a quien quieras como Patriarca, siempre que no sea Atanasio. Nadie en la ciudad querrá estar en comunión con él".

"Lo que yo he oído es muy diferente", dijo Joviano. "El pueblo aprecia mucho su doctrina".

"Puede que su doctrina sea apreciada", replicaron, "pero su corazón está lleno de malicia".

"En cuanto a su corazón, es a Dios a quien tiene que dar cuentas, porque sólo Él sabe lo que hay en su interior", señaló el Emperador. "A mí me basta con que su doctrina sea buena".

Finalmente, los arrianos perdieron la paciencia. "¡Nos llama herejes!" exclamaron con indignación.

"Es su deber y el deber de todos los que guardan el rebaño de Cristo", fue la única respuesta que recibieron.

El Emperador recibió a Atanasio con el más profundo respeto y escuchó atentamente todo lo que tenía que decir sobre la verdadera fe. Después de una breve estancia en Antioquía, el Patriarca volvió a Alejandría, donde relató al pueblo el éxito de su viaje y se deshizo en alabanzas del nuevo Emperador.

Su alegría, sin embargo, estaba destinada a ser también breve. Apenas llevaba Joviano unos meses en el trono imperial, cuando murió repentinamente en el camino de Antioquía a Constantinopla. Fue sucedido por Valetiniano, quien, desgraciadamente para la paz de la Iglesia, eligió a su hermano Valente para que lo ayudara en el gobierno, tomando para sí Occidente como su parte del Imperio y dejando el Oriente a su hermano.

Valente, que era tan débil como cruel, tenía una mujer arriana y se declaró inmediatamente a favor de los arrianos. Oriente iba a ser de nuevo el escenario de luchas y persecuciones. El nuevo Emperador, que aún no había sido bautizado, recibió el sacramento de manos de Eudoxio, el obispo arriano de Constantinopla, digno sucesor de Eusebio. En medio de la ceremonia, Eudoxio hizo que Valente jurase que permanecería fiel a los arrianos y perseguiría con rigor a los católicos.

Con el Emperador de su lado, los arrianos comenzaron a perseguir y a difamar a los que permanecían fieles a la Iglesia e incluso lograron ejecutar a algunos. Los católicos, desesperados, se decidieron a enviar a Valente un grupo de ochenta sacerdotes clérigos para pedirle justicia.

El Emperador fingió escuchar pacientemente sus quejas, pero había dado órdenes en secreto a Modesto, el prefecto de la guardia pretoriana, para que los matase a todos. Modesto era tan cruel como su amo, pero incluso en Nicomedia, donde Arrio y Eusebio habían predicado tan activamente la herejía, la mayor parte del pueblo seguía siendo fiel a la fe de Nicea. El asesinato de tal número de eclesiásticos inocentes causaría sin duda un levantamiento popular, de modo que había que actuar de forma oculta.

Modesto llamó a los clérigos a su presencia y les informó de que el Emperador los había condenado al destierro. Contentos de sufrir por la fe, recibieron la noticia con alegría y fueron trasladados rápidamente a un barco que debía llevarlos al lugar de su exilio. La tripulación, sin embargo, había recibido órdenes de Modesto, de modo que prendieron fuego al barco y escaparon en el único bote, dejando que los ochenta mártires perecieran en las llamas. Después de esto, quedó claro que no servía de nada apelar a Valente para que hiciera justicia.

Los gobernadores de las distintas provincias pronto recibieron órdenes de expulsar de nuevo a todos los obispos desterrados por Constancio que habían retornado durante el reinado de Juliano. El pueblo de Alejandría, sin embargo, alegó que Atanasio no había vuelto durante el reinado de Juliano, sino que había sido convocado personalmente por Joviano. El gobernador de Egipto no se atrevió a insistir, porque los ciudadanos se habían reunido en gran número, decididos a defender a su obispo. En lugar de ello, advirtió al Emperador sobre el espíritu católico de los alejandrinos.

Unos días más tarde, Atanasio dejó la ciudad para permanecer un breve tiempo en una casa en el campo, no muy lejos de allí. Fue providencial. Esa misma noche, el gobernador, con un grupo de soldados armados, irrumpió en la iglesia en la que el Patriarca solía hacer oración. Buscaron por todos los rincones hasta convencerse, sorprendidos, que su presa había escapado. Mientras tanto, Atanasio, advertido por sus amigos, se había ocultado en la tumba de su padre, un mausoleo bastante grande en el que pudo esconderse durante un tiempo. El secreto fue bien guardado por los fieles, que llevaban alimentos al Patriarca durante la noche, así como noticias de todo lo que pasaba en la ciudad. Cuatro largos meses permaneció oculto, hasta que el gobernador, temiendo una revuelta del pueblo, porque Egipto entero estaba agitado, convenció a Valente de que permitiera a Atanasio volver en paz a su sede.

## Capítulo 11: La tregua de Dios

De nuevo, Atanasio estaba en medio de su pueblo. Esta vez, los alejandrinos estaban decididos a que permaneciera allí a cualquier precio y se lo dejaron muy claro a los arrianos, un año después, cuando Lucio, el hombre que había sido recomendado a Joviano como sustituto del Patriarca, se atrevió a aparecer en Alejandría. En cuanto el pueblo se enteró de su llegada, una multitud rodeó la casa en la que se alojaba y las cosas no habrían acabado bien para él de no haber sido porque el gobernador lo rescató con sus soldados y lo sacó apresuradamente de Egipto. El rugido de la multitud contra él mientras era escoltado por una fuerte guardia hasta el exterior de la ciudad hizo que no volviera a tener ningún deseo de retornar a ella y Atanasio pudo permanecer allí en paz durante el resto de su vida.

Había envejecido y le fallaban las fuerzas, pero su alma, aún joven y vigorosa, seguía siendo tan valiente y heroica como siempre. Los últimos siete años de su pontificado en Alejandría no fueron más tranquilos que los anteriores. Era uno de los pocos obispos vivos que habían estado presentes en el concilio de Nicea. Toda la Iglesia Católica, tanto de Oriente como de Occidente lo veneraba como confesor de la fe y acudían a él para obtener sus consejos y su ayuda.

Su pluma no descansaba jamás. Una de las primeras cosas que hizo al volver a Alejandría fue escribir la vida de San Antonio del desierto, como último tributo de amor y gratitud a la memoria de su viejo amigo. El libro se leyó mucho. En las *Confesiones* de San Agustín, se nos cuenta cómo dos jóvenes oficiales del ejército imperial, después de encontrarlo sobre la mesa de un eremitorio cerca de Milán y de leerlo, se sintieron tan llenos de entusiasmo por la vida religiosa que la abrazaron allí mismo y en aquel instante.

En otros lugares del Imperio de Oriente, Valente y los arrianos seguían trabajando y habían vuelto los tiempos de persecución. Muchos de los obispos perseguidos acudían a Atanasio para recibir consuelo y ánimo, y sus esperanzas nunca quedaron defraudadas.

El Patriarca siempre estaba listo para olvidar el pasado y acercarse incluso a aquellos que habían sido sus enemigos más acérrimos. Bastaba con que aceptaran el credo de Nicea y los admitía a la comunión de la Iglesia. Había una espléndida caballerosidad en aquel hombre, que podía extender tan generosamente la mano de la amistad a los que nunca habían dejado de intrigar para causarle la ruina. El triunfo de la verdad y la salvación de las almas era su primera y única preocupación. Todo lo demás era secundario.

Desgraciadamente, los líderes de los arrianos no respondieron a su llamada. Había entre ellos, sin embargo, hombres buenos que habían sido engañados para que firmasen falsos credos y que empezaban a ver las cosas como eran en realidad. Muchos de ellos fueron recibidos de vuelta en la Iglesia y se convirtieron en amigos fieles y auténticos del Patriarca, que siempre estaba más dispuesto a ver el bien en los demás que el mal.

No todo el mundo tenía el mismo claro instinto y la vasta formación de Atanasio. En ocasiones, era realmente difícil determinar dónde estaba la verdad, porque los arrianos siempre intentaban ocultar sus auténticas doctrinas de aquellos que habrían reaccionado con horror ante ellas. Su vieja estrategia de declarar que creían todo lo que creía la Iglesia había extraviado a muchos. A los que habían sido engañados, pero tenían un corazón sincero y fiel, Atanasio les mostraba la mayor de las compasiones y simpatías. Siempre podían contar con su ayuda.

Esa misma amplitud de miras se manifestaba también en el gobierno de su patriarcado. Cierto obispo de Libia[41] era ya demasiado viejo para cumplir sus deberes de forma satisfactoria y los fieles de su diócesis pidieron que fuera sustituido por un prelado más joven y capaz, pero no tuvieron la paciencia de esperar a que se arreglase el asunto. Siderio, un joven oficial cristiano destinado en la provincia, había ganado los corazones

[41] Se trataba del obispo de Eritra, en la parte oriental de la Libia actual. Los fieles de las poblaciones de Palebisca e Hidrace, deseaban tener su propio obispo, pues el de Eritra era ya anciano y no podía ocuparse bien de ellos.

de todos por su virtud y su sabiduría. Los diocesanos decidieron que él y sólo él tomaría el lugar del anciano obispo y convencieron a otro obispo, llamado Filo, para que consagrase a Siderio, algo que no tenía derecho a hacer sin consultar al Patriarca. Además, no había otros dos obispos presentes, como se requería para una consagración canónica.

La noticia de este procedimiento irregular llegó a los oídos de Atanasio, que envió a alguien para que investigase el asunto. Sin embargo, al descubrir que Siderio era digno en todos los sentidos de la misión que se le había conferido, ratificó la elección de los fieles y demostró siempre un gran afecto al joven obispo.

En cambio, unos años después, estuvo dispuesto a arrostrar la ira del Emperador excomulgando al gobernador de Libia, un hombre cuya crueldad y malas acciones habían suscitado la indignación general. Como el hombre era nativo de Capadocia, Atanasio escribió a San Basilio, Arzobispo de Cesarea de Capadocia,[42] para comunicarle lo que había hecho. San Basilio respondió diciendo que había publicado la excomunión en toda su diócesis y había prohibido a los fieles que mantuviesen la comunión con el gobernador. También pidió a Atanasio que rezara por él y por su rebaño, porque los arrianos seguían intrigando allí.

Valente había decidido que todo el imperio debía ser arriano y estaba intentando conseguir este objetivo por la fuerza. Unos prelados arrianos llegaron a Cesarea y Modesto, prefecto de la guardia pretoriana, comunicó al Arzobispo que debía admitirlos a la comunión so pena de destierro. San Basilio se negó a cumplir la orden y fue llevado ante el tribunal del prefecto.

"¿Por qué no aceptas la religión del Emperador?" preguntó Modesto. "¿Acaso menosprecias el hecho de estar en comunión con nosotros?"

---

[42] San Basilio Magno, doctor de la Iglesia y hermano de San Gregorio de Nisa. Además de ser un gran teólogo y obispo, fue el autor de la regla monástica oriental por excelencia y de la Divina Liturgia que lleva su nombre.

"Aunque seáis prefectos y hombres poderosos", respondió el Arzobispo, "no merecéis más respeto que Dios".

"¿Es que no sabes que tengo poder para desterrarte e incluso para acabar con tu vida?" gritó el prefecto, enfurecido.

"Soy un peregrino de Dios", fue la respuesta, "y para mí un país es lo mismo que otro. La muerte es un regalo cuando me lleva a Aquel para el que vivo y trabajo".

"Nadie me ha hablado nunca con tanta audacia", replicó Modesto, asombrado.

"Probablemente nunca te hayas encontrado antes con un obispo cristiano", dijo Basilio, "o sin duda te habría respondido como yo lo he hecho. En todo lo demás, somos mansos y obedientes, pero cuando se trata del culto a Dios, sólo nos inclinamos ante él. Las amenazas no sirven de nada, porque sufrir por Él es nuestro mayor gozo".

"¿No te gustaría tener al Emperador en tu congregación?" preguntó Modesto. "Sería muy fácil. Sólo tendrías que quitar las palabras "de la misma naturaleza" de tu credo".

"Ciertamente, me gustaría ver al Emperador en mi iglesia", dijo Basilio. "Salvar un alma es algo grande, pero no cambiaría una sola letra de mi credo ni aunque recibiese a cambio el mundo entero".

La persecución continuó y Basilio se dirigió de nuevo a Atanasio, pidiendo sus oraciones y su consejo. "Tu guía", escribió, "es el único consuelo que nos queda en la tribulación. Por el poder de tus plegarias y la sabiduría de tus consejos, podrás guiarnos a través de esta terrible tormenta, como saben todos los que han experimentado tu bondad. Por lo tanto, no dejes de rezar por nuestras almas y de animarnos con tus cartas. Si supieras cuánto nos benefician tus misivas, nunca dejarías pasar la oportunidad de escribirnos. Si, en virtud de tus oraciones, se me concediera verte para recibir el beneficio de tus dones y añadir a la historia de mi vida el encuentro con un alma tan grande y apostólica, sabría que la amorosa misericordia de Dios ha querido compensarme por todos los males que he sufrido en mi vida".

El Papa Liberio murió el año 366 y fue sucedido por San Dámaso, un hombre de carácter fuerte y gran santidad de vida. Dos años después, en un sínodo de la Iglesia, se decretó que ningún obispo fuera consagrado si no profesaba el credo de Nicea. Atanasio quedó abrumado por la alegría al escuchar esta decisión. El triunfo de la causa por la que había luchado tan valientemente estaba asegurado.[43]

La vida de Atanasio se acercaba a su fin. Cinco años después, tras haber gobernado su diócesis durante cuarenta y ocho años, años de duro trabajo, aguante y sufrimiento, marchó apaciblemente a la presencia del Señor que había convertido en gozo todas sus tribulaciones.

Desde su primera juventud, Atanasio había sido el paladín de la verdad y el defensor de la fe, un valiente luchador con las armas espirituales en la mano hasta el día de su muerte. En situaciones en las que alguien más débil habría perdido la esperanza, él se había mantenido firme. El sufrimiento sólo había servido para acrisolar su espíritu, como el hierro en el crisol. Entre personas capaces de cualquier intriga, él había permanecido fiel y leal, y pocos habían sido más amados y odiados que él. Para su pueblo, no sólo era el obispo, sino también un santo, un asceta y prácticamente un mártir. Tenía, además, una personalidad que despertaba un gran cariño en los demás y su grandeza de espíritu lo hacía aún más compasivo con los débiles. Fue una luz para el mundo, un faro que señalaba directamente a Dios y al cielo. Su vida fue un ejemplo vivo de que un hombre puede ser a la vez abierto de mente y fuerte, puede odiar el error y amar al que yerra y puede mantenerse firme como una roca contra la herejía y al mismo tiempo estar lleno de compasión para con los herejes.

Atanasio fue honrado como santo inmediatamente después de su muerte. Seis años después, San Gregorio Nacianceno hablaba

[43] San Dámaso defendió infatigablemente la fe católica plasmada en Nicea contra el arrianismo y otras herejías relacionadas, como la de los pneumatómacos (que negaban la divinidad del Espíritu Santo). Como parte de esa defensa, denunció públicamente al obispo arriano de Milán, que fue sucedido por San Ambrosio.

de él como uno más de los patriarcas, profetas y mártires que habían luchado por la fe y habían ganado la corona de la gloria. Su influencia sigue presente hoy entre nosotros. Su recuerdo permanece en las palabras de su grito de guerra, el credo de Nicea, porque en gran parte lo conservamos gracias a su valor. En todas sus obras, encontramos el mismo espíritu que lo llevó a luchar y a sufrir: un intenso amor y devoción por Aquel que fue el Señor y el Maestro de su vida, Jesucristo, que es el mismo ayer, hoy y siempre.

# Índice

OTROS LIBROS DE LA
*COLECCIÓN SANTOS* DE LA
EDITORIAL VITA BREVIS

**San Pío X. El Papa Sarto, un papa santo**
*F.A. Forbes*

En 1903, la Iglesia se encontraba en una situación crítica. Muchos países se mostraban hostiles al catolicismo y otros pretendían entrometerse en asuntos eclesiales. En el interior de la Iglesia, los problemas no eran menores. En esa situación, los cardenales eligieron un papa excepcional. Giuseppe Sarto era Patriarca de Venecia, pero venía de una familia humilde y sabía perfectamente lo que era la penuria y el depender de la caridad de otros.

San Pío X no sólo fue el primer papa santo en tres siglos, sino también el papa que sofocó el modernismo, ese "resumen de todas las herejías", el renovador de la formación sacerdotal, el reformador de la curia, el defensor de la música auténticamente religiosa, el que abrió la comunión a los niños, el papa de los milagros (que él atribuía siempre al poder de las Llaves y no a su persona) y el papa que murió lleno de dolor por el inicio de la Primera Guerra Mundial.

En el centenario de su muerte, esta amena biografía nos acerca a la figura de un papa excepcional.

**San Vicente de Paúl. Entre príncipes y mendigos**
*F.A. Forbes*

La vida de San Vicente de Paúl es fascinante. Nació en Francia (o quizás en España) de padres campesinos, que se sacrificaron para que pudiera ser sacerdote. Después de su ordenación, cayó en manos de los piratas berberiscos y vivió como esclavo en Túnez. Al escapar y recobrar la libertad, se convirtió en preceptor de una de las más nobles familias de Francia y fue consejero real, contrarrestando las intrigas palaciegas con una gran sencillez evangélica.

A la vez, cuidaba de los condenados a galeras, mendigos y huérfanos. Fundó la Congregación de la Misión, dedicada a la predicación, y las Hijas de la Caridad, al servicio de los pobres y los enfermos.

Vivió en una época complicada, de guerras y revoluciones que devastaron Francia. En el interior de la Iglesia también abundaban los problemas, con la herejía jansenista y la corrupción en el nombramiento de obispos, dos plagas que San Vicente combatió con todas sus fuerzas. En todas sus actividades, brillaban siempre la caridad y la humildad de los discípulos de Cristo.

**Santos por las calles de Nueva York**

*Alberto Royo Mejía*

Normalmente, los santos no son lo primero que nos viene a la cabeza al pensar en Nueva York. Este librito, sin embargo, relata la vida de siete católicos ejemplares que nacieron en Nueva York o vivieron durante mucho tiempo en la Gran Manzana, dos de ellos ya canonizados.

Se trata de siete historias muy diferentes: desde un esclavo negro que terminó manteniendo a la familia de sus antiguos amos, hasta Su Eminencia Reverendísima el Cardenal de Nueva York; una italiana que fundó una congregación misionera y fue enviada por el Papa a Nueva York y una conversa neoyorquina del anglicanismo que se encontró con la Iglesia Católica precisamente en Italia; una antigua atea feminista y pacifista, un capellán militar durante la guerra mundial que luego fue conocido como el apóstol de los negros de Brooklyn y una irlandesa cuya familia tuvo que emigrar de su país a causa de su pobreza. Tenían en común, sin embargo, un gran amor a Jesucristo que cambió sus vidas

**La Cruz en tierras salvajes**
*Thomas Guthrie Marquis*

Sangrientas guerras entre tribus hasta el exterminio, corsarios ingleses, cazadores de cabelleras, empalizadas, tomahawks, viajes en canoa, ríos cubiertos de hielo, comercio de pieles, zonas inexploradas, predicadores, conversos, mártires... En este libro, el lector podrá asomarse al fascinante relato de la Evangelización en las tierras salvajes de América del Norte. Los franciscanos y, sobre todo, los jesuitas, tuvieron que trabajar como exploradores, arquitectos, lingüistas, médicos, agricultores, ganaderos y geógrafos, todo ello al servicio de su misión principal: llevar la Cruz a los pueblos que aún no la conocían.

En las misiones jesuíticas de las zonas que actualmente corresponden al Canadá y al norte de los Estados Unidos, un puñado de hombres llenos de fe soportaron durísimas penalidades para predicar el Evangelio entre hurones, iroqueses, algonquinos y otras muchas tribus indias, recibiendo en algunos casos, la corona del martirio de manos de los mismos indios.

**Sacerdotes que dejaron huella en el siglo XX**

*Alberto Royo Mejía*

*José Ramón Godino*

Este libro es una clara muestra de que la historia, para ser verdaderamente humana, no puede consistir en un mero conjunto de datos económicos y políticos. Por sus páginas desfilan cuarenta y seis sacerdotes que, a menudo con medios muy pobres, cambiaron el mundo y la vida de los que estaban a su alrededor como fundadores, teólogos, predicadores, simples curas de parroquia, mártires, misioneros, profesores o santos.

Maestros del espíritu, misioneros de pueblos lejanos, perseguidos a causa de la justicia, grandes teólogos, sacerdotes que se anticiparon a su tiempo, apóstoles de la caridad y los dedicados a diversos apostolados... No todos los sacerdotes descritos son santos (aunque muchos estén en camino de ser reconocidos como tales), pero todos dejaron sin duda una profunda huella en el siglo XX.

LAUS DEO VIRGINIQUE MATRI

www.ingramcontent.com/pod-product-compliance
Ingram Content Group UK Ltd.
Pitfield, Milton Keynes, MK11 3LW, UK
UKHW041926190726
13854UKWH00003B/1468

9 781326 205690